Mathilde Elie

EN EL TIEMPO DE LOS DINOSAURIOS

Combel
EDITORIAL

EN EL TIEMPO DE LOS DINOSAURIOS

8 ¿Cuándo aparecieron los dinosaurios?
Tierra vida era secundaria triásico jurásico cretácico millones de años

10 ¿Cómo conocemos a los dinosaurios?
paleontología fósil hueso dientes huevos huellas cieno barro roca

12 Pero, en realidad, ¿qué es un dinosaurio?
reptil lagarto terrible Richard Owen clasificación ornitisquio saurisquio

14 Secretos de fósiles
interpretaciones roca ámbar molde huellas momia rastros

16 En las excavaciones arqueológicas
descubrimiento osamenta fragmentos martillo neumático pincel transporte

18 De regreso al laboratorio
fresa eléctrica punzón lupa binocular ordenador reconstrucción

20 Pequeños, pequeños y más pequeños
nido puesta huevo eclosión maiasaura

22 ¡Preparados, listos, ya!
bípedo cuadrúpedo alosaurio compsognathus huellas velocidad tamaño

24 ¡Al ataque!
tres buenas razones para luchar
comer dominar defenderse armas armaduras garras cuernos colas

26 ¡A comer!
carnívoro herbívoro indicios dientes coprolito estómago

28 El más conocido: el diplodocus
titán 'doble viga' vértebras cuello cola manada veinte toneladas

30 El más feroz: el tiranosaurio rex
'lagarto tirano rey' tiranosaurio velocista cazador carroñero

32 De la familia Dino, me pido...
el rápido el que tiene la cabeza en las nubes el cuellilargo el garras el cabezón el listo

34 DinoPrimicias
iguanodonte estrella representación reconstrucción yacimiento pico de pato

36 ¿Quién vive ahí?
jurásico reptiles voladores reptiles
marinos insectos mamíferos plantas

**38 El arqueoptérix, el pariente
de los aires**
fósil alas plumas vuelo reptil
origen ave

40 ¿Y este quién es?
pterosaurio fósil gran familia
tamaño gorrión avión

**42 Los pterosaurios,
al vuelo**
envergadura alas quetzalcoatlus
pteranodón dsungaripterus pasos

**44 El ictiosauro, el gigante
de los mares**
reptil marino cazador jurásico
descubrimiento Coulangeron

46 Dinosaurios por todas partes
cinco continentes yacimientos excavaciones
fósiles huellas hueso huevos

**48 PaleoRevista, cómo saberlo
todo sobre los fósiles**
deriva de los continentes
Pangea Laurasia Gondwana

50 El fin del reino
desaparición de los dinosaurios
hipótesis asteroide volcanes clima
ataque

52 El regreso
cine imágenes digitales robots
esculturas museos parques

54 ¡Silencio, se rueda!
Parque jurásico III rodaje
películas de aventuras ciencia ficción
dibujos animados

56 Retratos de supervivientes
fósil viviente evolución cangrejo de
herradura libélula pulpo
salamandra tiburón

58 ¿Qué es la evolución?
Charles Darwin biología moderna
diversidad selección natural

60 El *Baluchitherium*
mamífero gigante era terciaria
esqueleto especies extinguidas

62 ¿Cuál es la situación actual?
especies vivas evolución
descubrimientos crisis de
extinción

64 Cuestionario

66 Índice

❶ EL NACIMIENTO DE LA TIERRA Hace cuatro mil seiscientos millones de años se forma la Tierra en el sistema solar.

❷ LA FORMACIÓN DE LOS OCÉANOS Llueve durante millones de años y la lluvia inunda grandes extensiones de la Tierra. Así nacen los mares.

❸ LA APARICIÓN DE SERES VIVOS Hace tres mil ochocientos millones de años los océanos estaban habitados por algas y bacterias.

❹ DE LOS OCÉANOS A LOS CONTINENTES Durante la era primaria, hace cuatrocientos veinte millones de años, las plantas y los animales empezaron a adaptarse a la vida fuera del agua.

❺ EL DESARROLLO DE LOS REPTILES. Estamos en el principio de la era secundaria, el triásico, hace doscientos cuarenta y cinco millones de años. Tras una grave crisis que destruye el 90% de las especies animales y vegetales, algunos reptiles sobreviven. Así es como crecen los dinosaurios sobre las tierras emergidas y agrupadas en un solo bloque.

❻ EL REINO DE LOS DINOSAURIOS. Los dinosaurios se diversifican. Gracias a la abundancia de vegetación, algunos crecen hasta convertirse en gigantes. En este período, llamado jurásico, aparecen los primeros vertebrados voladores. Son también reptiles: los pterosaurios.

¿Cuándo aparecieron los dinosaurios?

UNA HISTORIA MUY LARGA

Los dinosaurios vivieron y evolucionaron en la Tierra durante ciento sesenta millones de años. En cambio, nosotros, los humanos, solo llevamos cien mil años conquistándola.

Cuando se formó, la Tierra no albergaba ninguna forma de vida. Después aparecieron las plantas y los animales. En el transcurso de los años, la mayoría de especies, entre las cuales los dinosaurios, desaparecieron, pero hay otras que han seguido evolucionando hasta nuestros días.

Si la historia de nuestro planeta se tuviera que resumir en un año, la Tierra habría surgido el 1 de enero; los dinosaurios habrían aparecido el 13 de diciembre y habrían desaparecido por Navidad, y los hombres modernos habrían aparecido el 31 de diciembre por la noche.

❼ EL FIN DE LA ERA SECUNDARIA
Los árboles y las plantas con flores cubren la tierra. Los dinosaurios dominan al resto de animales. Estamos en el período cretácico. Más tarde, hace sesenta y cinco millones de años, el 75% de especies que pueblan el planeta desaparecen. No sobrevive ningún dinosaurio. Es el principio de la era terciaria.

❽ LOS PRIMEROS HOMÍNIDOS
Durante la era terciaria, los australopitecos aparecen en África. Sesenta y tres millones de años después de la desaparición de los dinosaurios.

❾ NUESTRA ÉPOCA
Estamos en la era cuaternaria. Los hombres modernos parten hacia la conquista de todos los continentes. Y, hace treinta mil años, inventan el arte.

¿Cómo conocemos a los DINOSAURIOS?

Este dinosaurio se ha denominado coelophysis, que significa 'forma hueca', porque sus huesos son huecos. Por esta razón, no pesaba más de treinta kilos a pesar de medir de dos y medio a tres metros de longitud. Vivió hace unos doscientos veinticinco millones de años.

UNAS PATAS CON GARRAS
Tienen tres dedos provistos de grandes garras aceradas.

Gracias a sus fósiles

Los dinosaurios han dejado rastros de su existencia en la Tierra. Se trata de fósiles de huesos, dientes, huevos y también de huellas de pasos.

Tras su muerte, la materia viva en ocasiones ha sido sustituida por sales minerales tan compactas como la piedra. Estos fósiles han conservado durante millones de años la forma de los elementos vivos.

Permiten a los científicos que los estudian, los paleontólogos, reconstruir las especies desaparecidas.

¿CÓMO SE FORMA UN FÓSIL?

La fosilización es un fenómeno extraordinario. Para que se produzca, un dinosaurio muerto debe cubrirse rápidamente de agua y cieno, con lo que se evita a los carroñeros y previene la oxidación del aire. Finalmente, menos de un dinosaurio de cada millón ha podido fosilizarse.

❶ Este apatosaurio es un enorme dinosaurio de treinta toneladas y veintiún metros de largo. Murió hace ciento cincuenta millones de años en una charca poco profunda.

❷ Rápidamente, la piel y la carne del apatosaurio desaparecen. Los huesos de su esqueleto, más duros, persisten. Poco a poco, se van recubriendo de cieno.

UN CRÁNEO LIGERO
Gracias a los agujeros de que está dotado en los huesos del cráneo, tiene la cabeza menos pesada.

UN CAZADOR RÁPIDO
Los huesos de sus patas, largos y finos, muestran que este dinosaurio podía correr a más de 40 kilómetros por hora.

UNAS MANDÍBULAS DE CARNÍVORO
Están provistas de numerosos dientes puntiagudos con bordes cortantes.

UNAS MANOS ÁGILES
Las patas delanteras tienen dedos grandes y flexibles, pero lo suficientemente fuertes para sujetar con firmeza a sus presas.

UN ESTÓMAGO DE CANÍBAL
Contiene los huesos de otro coelophysis. Este cazador comía todo lo que le llegaba a la boca, carroñas y también devoraba a sus congéneres.

Lo que nos dice un fósil

El estudio de un fósil nos revela mucha información sobre los dinosaurios. Midiendo los huesos, los paleontólogos tienen una idea precisa del tamaño de un dinosaurio. La forma de los huesos de las patas les indica cómo se desplazaba, y si lo hacía caminando o corriendo. Y el desgaste de los dientes o el contenido del estómago nos dan información sobre su alimentación. A veces, la postura del fósil explica la causa de su muerte.

Lo que no nos dice un fósil

Pero quedan misterios por resolver en torno a los dinosaurios, porque algunos elementos, como el color de la piel, la intensidad de la mirada o la potencia de los gritos no se fosilizan. En ese caso, los paleontólogos comparan los fósiles con los animales actuales, reptiles, mamíferos y aves. Por ejemplo, intentan reconstruir su repertorio vocal con los cartílagos que hallan en su garganta.

❸ En el suelo, los huesos están cubiertos de barro, arena y roca. La materia que los constituye es sustituida por los minerales de la roca.

❹ La infiltración de la lluvia y el peso de las capas de tierra desplazan los huesos fosilizados del esqueleto. Algunos incluso llegan a desaparecer.

❺ Millones de años más tarde, los paleontólogos descubren, hundidos en la roca, las piezas del esqueleto del apatosaurio.

¿Qué es un dinosaurio?

Es un reptil que se desplazaba caminando sobre tierra firme. Tenía sólidas patas perfectamente verticales a su cuerpo. Algunos dinosaurios eran pequeños como un pavo y otros grandes como una ballena. Los demás reptiles, que vivieron en la misma época y se desplazaban por agua o por aire, no son dinosaurios.

Como los dinosaurios, la víbora o la iguana son reptiles.

Y, ¿qué es un reptil?

Es un animal vertebrado provisto de una piel escamosa. Hay otras características que lo distinguen de un ave y de un mamífero: se desarrolla en el interior de un huevo, que a veces se abre en el interior del cuerpo de la hembra; puede crecer durante toda la vida, y tiene todos los dientes iguales.

Pero, en realidad, ¿qué es un dinosaurio?

El anatomista inglés Richard Owen.

¿Qué significa *dinosaurio*?

En el término *dinosaurio*, *dino* significa 'terrible' y *saurio* 'lagarto'. Fue el anatomista inglés Richard Owen quien inventó este término en 1842. Sin embargo, él ya sabía que los dinosaurios no eran lagartos, ya que había observado que no tenían las patas en la parte lateral de su cuerpo, como los lagartos actuales.

¿Por qué tienen nombres tan extraños los dinosaurios?

El científico que descubre el fósil es quien bautiza al dinosaurio. Igual que sucede con todos los animales, actuales o fósiles, el nombre científico está formado por dos palabras: una para el género y otra para la especie. Por ejemplo: *Tyrannosaurus rex*.

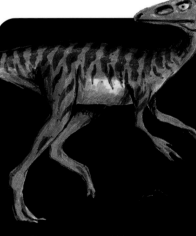

El eoraptor apareció hace más de doscientos treinta millones de años.

¿Cuáles son los dinosaurios más antiguos?

Se denominan eoraptor, herrerasaurio y staurikosaurus. Estos dinosaurios más antiguos fueron descubiertos en América del Sur. Vivieron en la Tierra hace doscientos treinta millones de años. Eran todos carnívoros.

¿Dónde se descubrió el primer dinosaurio?

Fue hallado en 1815 en Stonesfield (Inglaterra), cerca de Oxford, por William Buckland. Este paleontólogo sorprendió a todo el mundo anunciando que era un fósil de reptil gigante. Le dio el nombre científico de *Megalosaurus* en 1824. Sin embargo, desde 1677 ya existía publicado el dibujo de un hueso de dinosaurio procedente de la misma región pero, por aquel entonces, se desconocía a qué animal había pertenecido.

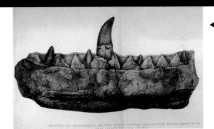

◀ El propio William Buckland hizo este dibujo: es un fósil de la mandíbula del megalosaurio.

¿Podemos clasificar los dinosaurios como los demás animales?

Sí, los dinosaurios han surgido de un antepasado común, un reptil que vivió en el triásico hace doscientos cuarenta y cinco millones de años. Posteriormente han evolucionado en dos grandes grupos. Están los ornitisquios, que tienen pelvis de ave, y los saurisquios, que tienen pelvis de reptil.

¿Cuántos dinosaurios conocemos?

Actualmente, los paleontólogos han descrito más de mil especies de dinosaurios, cuyo nombre varía de un experto a otro, ya que algunas especies solo son conocidas por un único resto, mientras que los restos de otras han permitido reconstruir numerosos especímenes. Los herbívoros son más numerosos que los carnívoros, como ocurre en la naturaleza actual. Los paleontólogos continúan sus investigaciones: cada año descubren una veintena de especies nuevas de dinosaurios.

A continuación, pasamos a clasificar los dinosaurios más conocidos:

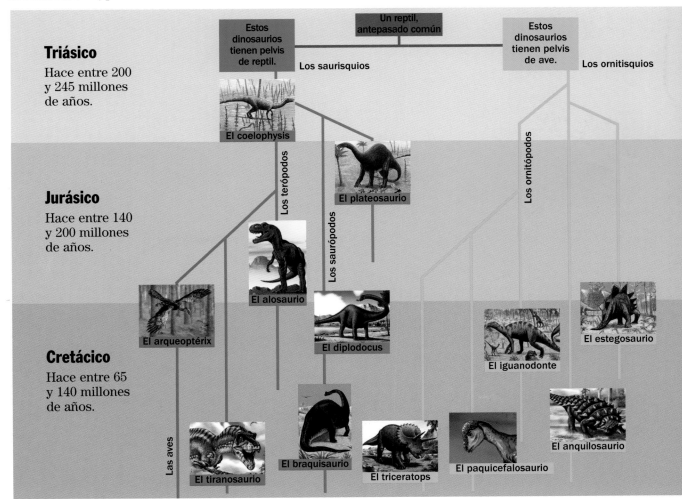

Triásico
Hace entre 200 y 245 millones de años.

Jurásico
Hace entre 140 y 200 millones de años.

Cretácico
Hace entre 65 y 140 millones de años.

Un reptil, antepasado común

Estos dinosaurios tienen pelvis de reptil. Los saurisquios

Estos dinosaurios tienen pelvis de ave. Los ornitisquios

El coelophysis

Los terópodos

El plateosaurio

Los saurópodos

Los ornitópodos

El alosaurio

El arqueoptérix

El diplodocus

El iguanodonte

El estegosaurio

El anquilosaurio

Las aves

El tiranosaurio

El braquisaurio

El triceratops

El paquicefalosaurio

¿Tienen descendientes los dinosaurios? Muchos científicos piensan que las aves tenían como antepasados a los dinosaurios. Otros piensan que los pequeños dinosaurios carnívoros con plumas, como los descubiertos en China, no podían volar.

INTERPRETACIONES FANTASIOSAS

Ya en la Antigüedad los griegos tenían curiosidad por los fósiles. Algunos ya habían comprendido que estas extrañas esculturas eran restos de animales desaparecidos, pero hasta el siglo XIX circulan explicaciones de lo más estrafalarias.

Para el griego Plinio el Viejo, los dientes de tiburones fosilizados son lenguas de piedra caídas del cielo durante un eclipse de luna. En el siglo XVII el científico Nicolás Stenon relacionó estas piedras y la mandíbula de los tiburones.

Huesos inmensos, cráneos enormes con un único ojo, los restos de elefantes enanos descubiertos en Sicilia (Italia) aterrorizan a los griegos de la Antigüedad. Estos monstruos gigantes de un ojo se inscriben en la leyenda como los cíclopes.

Hasta principios del siglo XX, los habitantes de Siberia tomaron los restos de mamuts por restos de ratas enormes que vivían bajo tierra. Pensaban que cuando escarbaban en sus galerías, provocaban temblores de tierra.

En el siglo XVII, los huesos enormes descubiertos en una cantera en Francia son identificados como los huesos de un gigante. Reciben el nombre de *Theutobochus* y sus restos se exhiben en las ferias. En 1984, al examinar su dentadura, los paleontólogos descubren que se trata de un pariente del elefante.

UNA MARIQUITA
Cuenta con cien millones de años de antigüedad y ha sido hallada en Brasil.

UNA RAMITA DE CONÍFERA
Hace aproximadamente cincuenta millones de años, en un lago de Canadá, esta pequeña rama de cedro blanco quedó recubierta de barro de unas algas minúsculas llamadas diatomeas.

UN DIENTE DE TIBURÓN
De una antigüedad de decenas de millones de años, se ha transformado en piedra. Presenta una altura de nueve centímetros y pertenece a un megalodonte, el tiburón más grande de todos los tiempos.

UN MOLDE DE AMONITA
Gracias a su concha, los paleontólogos conocen perfectamente las particularidades de las amonitas: su concha puede haberse conservado o haber desaparecido, pero el vacío que ha dejado en la roca ha sido rellenado por minerales, con lo cual se obtiene un molde.

UNA AMONITA DESENROLLADA
Es mucho más rara que las amonitas enrolladas en forma de caracol. Vivió en el período cretácico antes de desaparecer con todos los demás tipos de amonitas hace sesenta y cinco millones de años.

UNA PIÑA PETRIFICADA
Este cono de araucaria ha quedado recubierto de las cenizas de una erupción volcánica acontecida hace ciento sesenta millones de años. El agua se ha ido infiltrando lentamente y ha depositado minerales en cada célula del cono. El fósil está cortado en dos para que podamos ver su interior.

UNA TIJERETA MOMIFICADA
Este dermáptero ha quedado recubierto de resina de pino. La resina se ha fosilizado y sirve de sarcófago al pequeño insecto desde hace alrededor de treinta millones de años.

UNA FLOR MOMIFICADA
Ha quedado atrapada en una gota de savia producida por su árbol. La savia se ha fosilizado en ámbar. Esta flor delicada se ha conservado en este estado durante decenas de millones de años.

Secretos de FÓSILES

Los fósiles no son únicamente huesos transformados en roca. Entre ellos, también se encuentran moldes, huellas, restos, etc.

UNA SECCIÓN DE ÁRBOL PETRIFICADO
Este fósil de madera, cuya antigüedad data de hace trescientos setenta millones de años, proviene del árbol más viejo del mundo.

UN BLASTOIDEO
Este animal marino, desaparecido desde hace trescientos millones de años, está formado por una «flor», una rama y una especie de zarcillo. Aquí solamente se ha conservado en fósil el corazón de la flor.

UNA HOJA DE HELECHO
Su dibujo ha quedado grabado en la roca.

UN MOLDE DE CRINOIDEO
Este antiguo pariente de los erizos de mar y de las estrellas de mar vivió hace trescientos cuarenta y cinco millones de años. Lo conocemos gracias a su delicado molde.

UNA HUELLA DE PEZ
En la piedra han quedado impresos todos los detalles de las aletas, la cabeza y el esqueleto de este pez.

El martillo neumático permite romper la roca dura para cavar toscamente un agujero. Hay que tener cuidado de no estropear el fósil que pueda encontrarse en el fondo.

Con ayuda de una azada, se apartan del agujero los fragmentos grandes de roca. Los paleontólogos podrán así examinar el fondo.

Las pequeñas muestras se etiquetan cuidadosamente y se meten en bolsas de plástico para estudiarlas posteriormente en el laboratorio.

Ya se han retirado numerosas osamentas. Antes de cortar la roca que las envuelve para llevarlas al laboratorio, hay que comprender cómo están dispuestas para no dañar las piezas.

En las excavaciones

arqueológic

Los paleontólogos han dibujado la posición de cada hueso que han encontrado. Poco a poco recrean toda la excavación arqueológica que aparece en su dibujo. Referenciar correctamente la situación de los huesos es importante para comprender la historia del fósil.

Los fósiles son frágiles. Con ayuda de un pincel, hay que acabar de extraerlos con delicadeza.

RECUPERAR UN TESORO

Estos paleontólogos trabajan en los Pirineos. Extraen un bloque de roca que contiene un hueso fósil. Cada etapa exige una gran dosis de minuciosidad con el fin de llevar intacto el precioso vestigio al laboratorio.

❶ Los paleontólogos han roto la roca con un martillo neumático, a cincuenta centímetros del hueso. El bloque de roca protegerá el fósil durante su transporte.

❷ El fósil data de millones de años. Se deshace y se convierte en polvo. Con un pincel, los paleontólogos aplican por encima una resina para endurecerlo.

❸ Cubren la roca de capas de yeso. Despegan el bloque con un buril. Posteriormente, le dan la vuelta para terminar la cobertura de yeso. El bloque pesa centenares de kilos.

En mayo del 2003, los paleontólogos descubren miles de osamentas en un campo de Riodeva (España). Un bello hallazgo: fragmentos de cráneo y de omóplato, uñas, dientes enormes y sobre todo un húmero, muy bien conservado, del tamaño de un hombre. Es el mayor dinosaurio hallado en Europa y uno de los más grandes del mundo. Durante varios meses, los paleontólogos se dedican a sacar a la luz todos los huesos enterrados bajo el suelo. Asimismo, toman nota de todos los indicios que contribuyen a entender la historia del inmenso dinosaurio.

De regreso al laboratorio

Tras un viaje a veces largo y peligroso, los fósiles llegan al laboratorio. Entonces, empieza un trabajo muy minucioso: retirar los fósiles de la piedra.

Se ha serrado la roca que rodea al fósil. Ahora hay que proceder con precaución para extraer completamente el hueso. Los dos paleontólogos han elegido herramientas de precisión. Utilizan fresas eléctricas como las de los dentistas o aerógrafos que proyectan granos de arena fina.

El paleontólogo utiliza un punzón muy fino para quitar los últimos restos de roca. Con un pincel o un algodón, retira las partículas de polvo. Va equipado con unos guantes para que su transpiración no estropee el fragmento de hueso fósil. Tres personas han estado trabajando durante tres meses para extraer, limpiar y volver a pegar los fragmentos de este húmero de ciento cincuenta kilos.

Este paleontólogo restaura fósiles de bebés dinosaurio hallados en su huevo. Utiliza baños de ácido acético, el ácido del vinagre, para disolver lentamente la roca en la que están enterrados. El ácido se come un cuarto de milímetro de roca al día. A este ritmo tan lento, hay que contar un año para extraer los bebés.

Empieza a salir a la ▶ luz un nido de dinosaurios. Ya aparecen los huevos. Los paleontólogos aprovechan para estudiarlos, miden su longitud y su anchura.

Aquí, los huevos de dinosaurios se observan muy de cerca. Con ayuda de una lupa binocular, la paleontóloga descubre que su superficie es grumosa, como la vemos detrás, en la pantalla del ordenador.

Y AHORA HAY QUE IDENTIFICAR...

Los fósiles se han extraído y restaurado, medido, observado y estudiado con cuidado. Ahora solo queda reconstruir el esqueleto e identificar el animal.

❶ UN PUZZLE DE CIENTOS DE PIEZAS
Se examina cada hueso desde todos los ángulos para comprender cómo se articula, dónde encajan los músculos, etcétera. Algunos huesos son fáciles de reconocer, como el fémur con su gran cabeza, pero otros...

❷ LAS ASTUCIAS DE CUVIER
En el siglo XIX, el científico Cuvier estableció unas reglas que todavía son útiles en la actualidad para reconstruir un esqueleto. Por ejemplo, servirse de la anatomía de los animales actuales o de los dinosaurios conocidos, o utilizar la lógica: dientes cortantes de carnívoro no van con pezuñas de herbívoro, etcétera.

❸ ROMPECABEZAS GENEALÓGICO
Una vez se ha reconstruido el esqueleto, empiezan las preguntas. ¿Es conocido? ¿Quiénes son los padres? ¿Sus parientes? El paleontólogo procede por eliminación y compara su hallazgo con los dinosaurios conservados en los museos.

❹ EL BAUTISMO DEL DINOSAURIO
Ahora solo queda bautizar al dinosaurio. Si es conocido, ya tenemos nombre, pero si es nuevo, el paleontólogo tiene el honor de bautizarlo... respetando algunas reglas estrictas.

LA PUESTA

En Estados Unidos se descubrieron varias decenas de nidos de maiasaura. Una verdadera mina para comprender cómo una buena madre dinosaurio ponía los huevos.

1 La hembra maiasaura prepara un montículo de tierra. Le hace un hueco para construir un enorme nido, de una profundidad de setenta centímetros y una anchura de dos metros. Una vez construido, este nido se reutilizará y fortalecerá cada año.

2 La hembra coloca con precaución los huevos en el nido. Pone hasta veinticinco y los dispone en espiral. Cada huevo mide veinte centímetros de altura. Es pequeño, ¡sobre todo teniendo en cuenta que los padres miden ocho metros de largo!

3 Recubre los huevos de plantas. Así están bien protegidos y al calor. En realidad, los maiasaura son demasiado pesados para incubar sus huevos, ya que los pisarían.

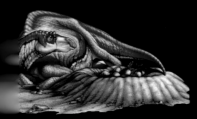

4 La madre se tiende junto a los huevos para protegerlos. El nido está rodeado de otros nidos de maiasaura. Entre ellos hay el espacio justo para que los adultos puedan desplazarse sin

Para reproducirse, los dinosaurios ponían huevos

Los huevos de los dinosaurios esta rodeados de un cascarón duro que protege a la cría. Algunos dinosaurios incuban o cuidan sus huevos, pero otros los abandonan desde el momento en que los ponen. Los huevos no son mu grandes teniendo en cuenta tamaño de los padres, pero pequeño crece muy rápido tras su eclosión. Un maiasau pequeño mide treinta centímetros cuando nac y unas semanas despu un metro y medio, y tr metros a los dos años. este ritmo, un bebé humano mediría cinco metros a la misma ed

Los maiasaura son dinosaurios que han vivido en el cretácico hace aproximadamente setenta y cinco millones de años.

pequeños
y más pequeños
Pequeños,

¿Se ocupaban los dinosaurios de sus crías?

No es fácil saberlo. Pero los restos hallados en los nidos nos proporcionan algunas pistas. En los nidos de troodones, la parte inferior del huevo eclosionado está intacta, lo que prueba que los pequeños abandonaban enseguida el nido, sin pisar el cascarón. Estas espabiladas crías marchaban en busca de comida. Por el contrario, en los nidos de maiasaura, las cáscaras están rotas en pequeños fragmentos, signo de que han sido pisoteadas. Estos niños mimados se quedaban en el nido y probablemente eran alimentados por sus padres durante varias semanas.

¡Preparados, listos,

UN ALOSAURIO
Este carnívoro camina sobre tres dedos de las patas traseras.

Sobre dos o cuatro patas

Los dinosaurios eran bípedos, como el alosaurio, o cuadrúpedos, como el diplodocus. Algunos dinosaurios, como el iguanodonte, eran cuadrúpedos pero podían erguirse sobre sus patas traseras.

UN COMPSOGNATHUS
Las huellas de este pequeño carnívoro miden de diez a veinte centímetros. Así que medía de cuarenta y cinco a noventa centímetros hasta la cadera.

SIGUIENDO EL RASTRO

En el yacimiento de Courtedoux, situado en el cantón suizo del Jura, los paleontólogos estudiaron las huellas de dinosaurios que habían quedado atrapadas en el calcáreo desde hacía ciento cincuenta y dos millones de años.

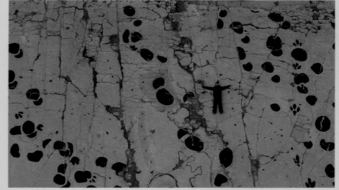

En este camino se cruzaron muchos dinosaurios. Se ven las grandes huellas redondas y en forma de media luna dejadas por enormes dinosaurios herbívoros y cuadrúpedos, como los diplodocus. Asimismo, hay huellas en forma de trébol de tres dedos. Son las de grandes dinosaurios carnívoros y bípedos, como los alosaurios. El hombre parece muy pequeño, junto a las huellas de estos gigantes.

ya!

¿Rápidos o no?

Según sus huellas, los dinosaurios más rápidos eran bípedos. Un dinosaurio carnívoro bípedo podía sobrepasar los 60 kilómetros por hora, mientras que un diplodocus no excedía los 3 kilómetros por hora.

UN DIPLODOCUS
Muy estable sobre las cuatro patas, avanza por el barro de la playa.

Sobre tierra firme

Los dinosaurios se desplazaban a través de los bosques, las estepas y los pantanos.
Los reptiles voladores o acuáticos de esta época no forman parte de la familia de los dinosaurios.

UNA HUELLA DE PASOS dejada por un diplodocus.

UNA HUELLA DE PASOS dejada por un alosaurio.

¡Un metro de diámetro!
El animal que ha dejado estas huellas es un verdadero gigante. Debe de medir seis metros y medio de altura hasta la cadera.

Las huellas de los alosaurios no son tan grandes. Esta mide cuarenta centímetros de largo y otras miden hasta setenta centímetros. Así pues, el animal medía por lo menos tres metros de altura hasta la cadera.

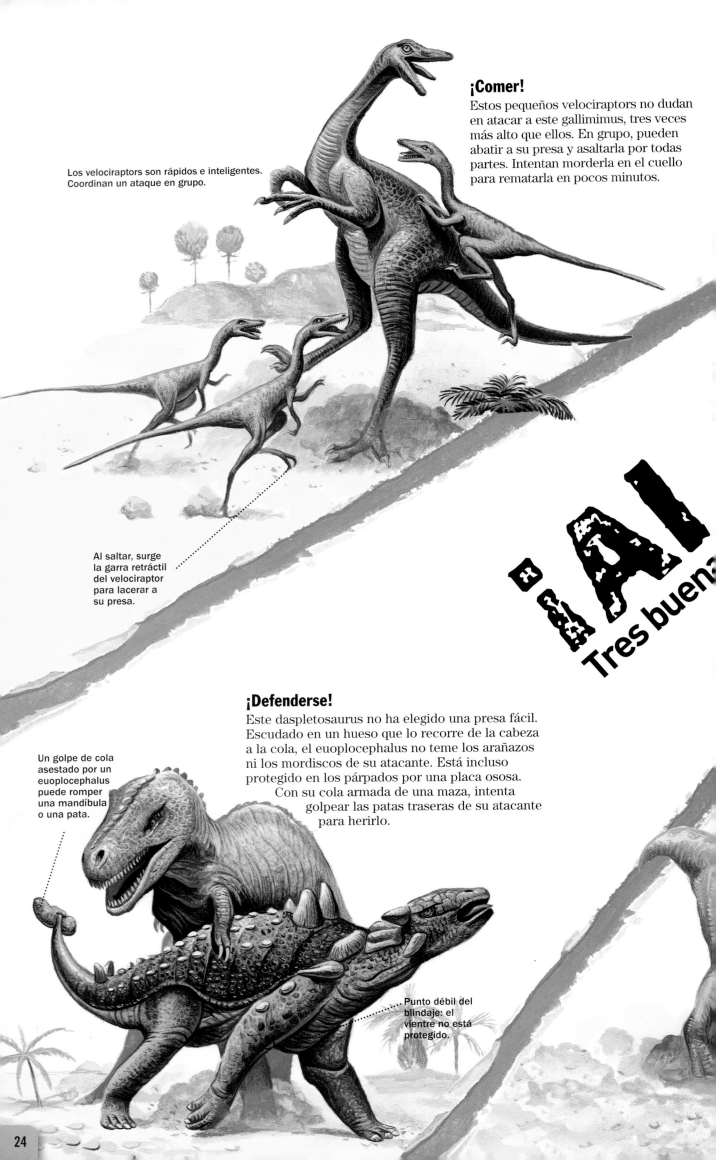

¡Comer!

Estos pequeños velociraptors no dudan en atacar a este gallimimus, tres veces más alto que ellos. En grupo, pueden abatir a su presa y asaltarla por todas partes. Intentan morderla en el cuello para rematarla en pocos minutos.

Los velociraptors son rápidos e inteligentes. Coordinan un ataque en grupo.

Al saltar, surge la garra retráctil del velociraptor para lacerar a su presa.

¡A! Tres buena

¡Defenderse!

Este daspletosaurus no ha elegido una presa fácil. Escudado en un hueso que lo recorre de la cabeza a la cola, el euoplocephalus no teme los arañazos ni los mordiscos de su atacante. Está incluso protegido en los párpados por una placa ososa.
Con su cola armada de una maza, intenta golpear las patas traseras de su atacante para herirlo.

Un golpe de cola asestado por un euoplocephalus puede romper una mandíbula o una pata.

Punto débil del blindaje: el vientre no está protegido.

¡ataque!
razones para luchar

Para comer, no ser comido, proteger a las crías o defender su territorio, los dinosaurios están preparados para combates terribles.

¡Dominar!

Estos dos machos prenocéfalos se enfrentan cara a cara. Protegido por un sólido casco ososo, la frente está hecha para empujar al adversario o asestarle golpes violentos en los costados. Tal vez el más fuerte se convierta en el jefe de la manada y pueda reproducirse.

Frente a frente, el combate será para el que empuje más fuerte.

ARMAS Y ARMADURAS

Garras y dientes: los predadores están equipados para matar. Pero sus presas también tienen recursos para defenderse: cuando no se trata sin más de su tamaño gigantesco, sus mazas, espadas o escudos hacen retroceder a más de uno.

GARRAS Y DIENTES ACERADOS

Los dinosaurios carnívoros poseen dientes puntiagudos y cortantes como navajas. Sujetan a su presa con sus garras curvadas. El velociraptor, el deinonico y el troodon también están provistos en las patas traseras de una enorme garra retráctil con la que destripan a su adversario.

UNA COLA MAZA

Como la del euoplocephalus, la cola del anquilosaurio termina en una bola ososa de cuarenta kilos. Esta maza provoca daños terribles.
El estegosaurio se defiende con una cola armada con dos pares de puntas de sesenta centímetros de largo: ¡cuidado con estas poderosas espadas!

CUERNOS TEMIBLES

Los ceratópsidos, o 'rostros cornudos', están armados de una impresionante colección de cuernos. El triceratops está dotado de tres en la cabeza, el pentaceratops, de cinco y el estiracosaurio, de una docena. Los predadores se lo piensan dos veces antes de atacar.

BLINDAJES Y ESCUDOS

La cabeza, la espalda, la nuca y los costados del anquilosaurio están totalmente cubiertos por placas ososas, como las del euoplocephalus. El triceratops se protege la nuca de mordeduras del tiranosaurio con un escudo de diez centímetros de espesor, su espectacular collarín.

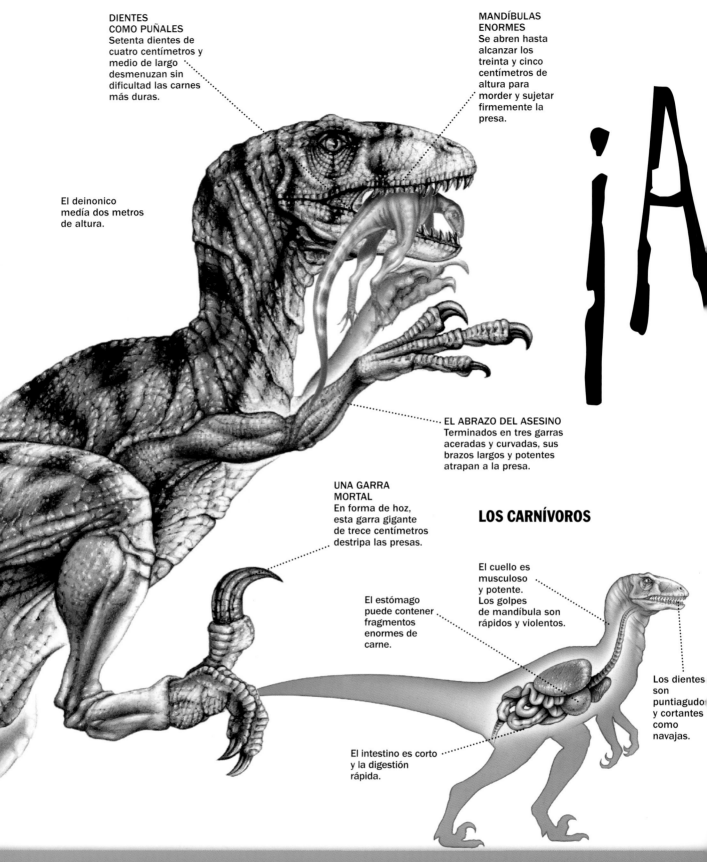

DIENTES COMO PUÑALES
Setenta dientes de cuatro centímetros y medio de largo desmenuzan sin dificultad las carnes más duras.

MANDÍBULAS ENORMES
Se abren hasta alcanzar los treinta y cinco centímetros de altura para morder y sujetar firmemente la presa.

El deinonico medía dos metros de altura.

EL ABRAZO DEL ASESINO
Terminados en tres garras aceradas y curvadas, sus brazos largos y potentes atrapan a la presa.

UNA GARRA MORTAL
En forma de hoz, esta garra gigante de trece centímetros destripa las presas.

LOS CARNÍVOROS

El cuello es musculoso y potente. Los golpes de mandíbula son rápidos y violentos.

El estómago puede contener fragmentos enormes de carne.

Los dientes son puntiagudos y cortantes como navajas.

El intestino es corto y la digestión rápida.

¿CÓMO SABEMOS LO QUE COMÍAN LOS DINOSAURIOS?

Hojas, raíces, cortezas o agujas de pino, carne o pescado... ¿Cómo sabemos cuál era la dieta de los dinosaurios?
Los paleontólogos cuentan con algunos indicios para imaginar los platos favoritos de cada uno. En cualquier caso, saben que no pacían hierba, ya que todavía no existía.

INDICIO Nº 1: LOS DIENTES
No todos los dinosaurios tienen los mismos dientes. Los de los carnívoros son acerados y curvados para agarrar la carne.
Los de los herbívoros son grandes y planos o como un rallador para triturar las plantas.

PICO CÓRNEO
Sirve para coger
la vegetación.

MANDÍBULAS POTENTES
Dotadas de dientes planos,
trituran durante mucho
tiempo los vegetales antes
de tragarlos.

El iguanodonte
medía cinco
metros de altura.

Comer!

Los dinosaurios que solo comían plantas eran
los más numerosos. Eran herbívoros.
Los otros, los carnívoros, se alimentaban de carne.
En cambio, los omnívoros comían de todo.
Para menús tan distintos, cada dinosaurio tenía
los cubiertos adaptados a su plato.

LOS HERBÍVOROS

UNA MANO
Los tres dedos del
centro están
provistos de
pezuñas para
caminar. El dedo
meñique articulado
atrapa las plantas.

**UN PULGAR EN
PUNTA**
De veinte
centímetros de
largo, podía
convertirse en un
arma temible para
defenderse.

El intestino
es largo y
la digestión
es lenta.

Un centenar de
dientes anchos y
planos mastican las
plantas. No todos los
herbívoros tenían;
algunos tenían toda
la dentadura
redonda.

El estómago
contiene piedras
pulidas que ayudan
a triturar la comida.

INDICIO Nº 2: LOS RESTOS DE COMIDA
El estómago de los dinosaurios fósiles a veces contiene
restos de su última comida: lagartos para el
compsognathus; cortezas, agujas de pino y piñas para
el edmontosaurio.

INDICIO Nº 3: LOS COPROLITOS
Son los excrementos fosilizados. Contienen los desechos de
animales o plantas que comía el dinosaurio. Pero, ¿cómo
podemos saber a qué dinosaurio pertenece un coprolito?

Un titán

El diplodocus forma parte de la gran familia de saurópodos, los dinosaurios más gigantescos. Los saurópodos han colonizado el planeta durante ciento cincuenta millones de años, mientras que los homínidos la pueblan desde hace tan solo siete millones de años.

El diplodocus no es el más impresionante de estos herbívoros gigantes, pero es el más conocido. Es el único del que hemos hallado un esqueleto completo.

El más conocido: EL DIPLOD

UNA CABEZA MUY PEQUEÑA
Solo setenta centímetros de longitud para un cuerpo de veintiséis metros.

UN LARGO CUELLO
De una longitud de nueve metros, puede describir amplios arcos circulares en horizontal para pastar la hierba.

VÉRTEBRAS LIGERAS
Están llenas de agujeros. Esto las hace más ligeras y reduce el peso de este cuello inmenso.

CUATRO PILARES ESTABLES
Las patas son como postes que sostienen el enorme cuerpo.

Fuerte, pero a veces vulnerable

Los diplodocus se desplazan con agilidad en manada de una veintena de especímenes. Los adultos no temen a los predadores gracias a su tamaño imponente. Pero los más jóvenes y los enfermos son vulnerables. Seguramente se los colocaba en el centro de la manada para que estuvieran protegidos por los más adultos, como hacen los elefantes hoy en día.

DOCUMENTO
DE IDENTIDAD

Nombre:
diplodocus,
*que quiere decir
'doble viga'*
Longitud:
hasta 26 metros
Altura: *4 metros*
Peso: *hasta 20 toneladas*
Época: *jurásico superior, de 144 a
156 millones de años*

EL DIPLODOCUS CON TODO DETALLE

¡QUÉ COQUETO!
El diplodocus tenía una hilera de
espinas en el lomo. Iban de la cabeza
a la cola como espinas que adornan el
dorso de las iguanas modernas.

EXTRAÑOS DIENTES
Se parecen a lápices y forman una
especie de peine. No son para que el
diplodocus mastique, sino solo para
que rastrille las hojas de las coníferas
o de las cicadáceas que se encuentran
a su altura, y los helechos o las colas
de caballo del suelo.

UNA COLA COMO UN LÁTIGO
Cuenta con ochenta vértebras y
puede medir hasta catorce
metros, la mitad de una pista de
baloncesto. Chasquea como un
látigo para asustar a los
enemigos o en señal de
reconocimiento.

UN ESTÓMAGO GRANDE
El diplodocus debía tragar una media
tonelada de vegetales y beber hasta
trescientos litros de agua por día. Para
digerir todo esto, su gran estómago
contenía varios kilos de piedras que
trituraban la comida.

Cuestión de longitud

Según la articulación de sus vértebras, el diplodocus
tiene un cuello poco flexible en la parte superior, pero
puede bajar la cabeza para comer del suelo. La cola le
sirve de contrapeso y queda en horizontal. Los rastros
de diplodocus que hemos podido analizar muestran
con claridad que no la arrastraba por el suelo.

El más feroz: el tiranosaurio rex

UNA COLA QUE SE BALANCEA
Equilibra la marcha y la trayectoria del tiranosaurio rex.

BRAZOS RIDÍCULOS
Miden apenas setenta y cinco centímetros, pero pueden levantar hasta ciento ochenta kilos.

PATAS CON GARRAS
Estas garras puntiagudas tanto pueden matar a una presa como despedazarla.

El tiranosaurio rex es el más sofisticado de los tiranosaurios y uno de los más grandes predadores terrestres de todos los tiempos. Su tamaño, su cabeza enorme y su fabulosa mandíbula impresionan. Desde la primera descripción que se hizo de él en 1905, se ha convertido en la estrella de los dinosaurios carnívoros.

LAS ÚLTIMAS NOTICIAS DEL TIRANOSAURIO REX

El tiranosaurio rex ha sido muy estudiado, pero los paleontólogos siguen descubriendo más información sobre su vida y su aspecto. A medida que se van revelando datos nuevos, comprenden cada vez mejor quién era el rey de los tiranosaurios. Con todo, siguen planteándose cuestiones nuevas.

¿MÁS RÁPIDO QUE UN VELOCISTA OLÍMPICO?
Un tiranosaurio rex está dotado de largas tibias y fémures, signo de que podía caminar durante mucho tiempo y correr. Daba unas zancadas de 3,75 metros. Los paleontólogos calculan que su velocidad de carrera se situaba entre 28 y 40 kilómetros por hora.

¿CUÁNTO TIEMPO VIVÍA?
El rey de los tiranosaurios podía vivir alrededor de treinta años. Para saber su edad, los paleontólogos cortan un hueso y cuentan los círculos del interior, igual que se hace con un árbol. Cada círculo corresponde a un año.

UN CUELLO PODEROSO
Muy musculoso, permite asestar mordiscos muy rápidos y violentos.

LA NARIZ
El olfato del tiranosaurio rex está muy desarrollado.

DOCUMENTO DE IDENTIDAD

Nombre científico: Tyrannosaurus rex, *que quiere decir 'lagarto tirano rey'*
Longitud: *de 10 a 14 metros*
Altura: *de 5 a 6 metros*
Peso: *de 4,5 a 7 toneladas*
Época: *cretácico superior, de 65 a 68 millones de años*

DIENTES TEMIBLES
Cincuenta y ocho dientes, puntiagudos y cortantes, arman la gigantesca mandíbula del tiranosaurio rex. Algunos miden veinticinco centímetros de largo, de la raíz a la punta.

UN ANQUILOSAURIO

¿CAZADOR O CARROÑERO?
Algunos paleontólogos creen que el tiranosaurio rex no mataba a sus presas sino que se comía a los animales muertos, es decir, que era carroñero. Otros son de la opinión de que era un temible cazador. Tal vez fuera un poco de los dos.

¿UNA PIEL DE QUÉ COLOR?
No lo sabemos, puesto que los fósiles no conservan ninguna pista de los colores. Si era cazador, nos podemos imaginar que lucía colores discretos, como los leones o los cocodrilos. Si era carroñero, podría ser que sus colores fueran más vivos.

EL RÁPIDO
Con su longitud de sesenta centímetros a un metro y sus tres kilos, el **COMPOSOGNATHUS** es uno de los dinosaurios más pequeños y también uno de los más rápidos.
Al parecer, podía llegar a alcanzar los 60 kilómetros por hora.

EL QUE TIENE LA CABEZA EN LAS NUBES
Con la cabeza a doce metros de altura, parece que el **BRAQUIOSAURIO** podía inspeccionar el tejado de un inmueble de cinco pisos. Tal vez le ganara el saurioposeidón, ya que se calcula que este dinosaurio podía levantar la cabeza hasta alcanzar los diecisiete metros.

EL TITÁN
De treinta y cinco a cuarenta y cinco metros de largo, el **ARGENTINOSAURIO** cabe justo en una piscina olímpica, y con un peso aproximado de setenta a cien toneladas, supera a quince elefantes juntos. ¿Es posible que existieran dinosaurios todavía más gigantescos? Las investigaciones continúan.

LA FORTALEZA VIVIENTE
Armado con una maza de cuarenta kilos al final de la cola y acorazado con un hueso de la cabeza a las patas, el **ANQUILOSAURIO** es una fortaleza inexpugnable.

EL VIEJO
Hace alrededor de doscientos veinticinco a doscientos treinta millones de años apareció uno de los primeros dinosaurios. Este pequeño carnívoro, de diez kilos de peso y un metro de longitud, recibió el nombre de **EORAPTOR**, 'ladrón del alba'.

DE LA FAMILIA DINO,

ME PIDO...

EL CUELLILARGO
El cuello del **MAMENQUISAURIO** mide la mitad de su tamaño, es decir, de diez a catorce metros. Este gran herbívoro, de ciento cuarenta y cinco a ciento cincuenta millones de años de antigüedad, sin duda posee uno de los cuellos más largos de todos los tiempos.

EL CARNÍVORO GIGANTE
El **ESPINOSAURIO**, con sus diecisiete metros de largo y su peso de siete a nueve toneladas, es capaz hasta de derrotar al propio tiranosaurio rex. Comía pescado, aunque a veces se alimentaba también de algún pterosaurio. Probablemente también era un poco carroñero.

EL GARRAS
Llamado 'lagarto guadaña', el **TERICINOSAURIO** posee unos brazos gigantescos de dos metros sesenta terminados en garras de setenta centímetros. ¿Tal vez estas garras le servían para cortar ramas? ¿O para destrozar hormigueros?

EL CABEZÓN
La cabeza del **TRICERATOPS** mide dos metros de largo y un metro y medio de ancho. Es una de las más grandes que se conocen en los animales terrestres. A esto hay que añadir que estaba provisto de dos cuernos frontales de un metro de longitud. Ante esto, ¡cualquiera se atrevía a molestarlo por tonterías!

EL LISTO
Solamente mide dos metros de largo y pesa sesenta kilos, y sin embargo el **TRODOON** es el dinosaurio que, en relación con su tamaño, posee el cerebro más grande de todos los dinosaurios que se conocen. Posiblemente por esto era considerado el más inteligente.

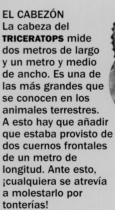

Huevos a miles

Por todo el mundo se han hallado numerosos huevos atribuidos a los dinosaurios. Pero no siempre contienen un embrión que permita saber el dinosaurio que los ha puesto. Los más grandes miden más de treinta centímetros de diámetro. Son dos veces más grandes que un huevo de avestruz.

Huevo de hypselosaurus (de veinticinco a treinta centímetros de diámetro) hallado en Francia.

Huevo de oviraptor (quince centímetros de altura) hallado en Mongolia.

La estrella de los dinosaurios

El dinosaurio más extendido es el iguanodonte. Se fosilizó porque vivió y murió en los pantanos. Al menos se descubrieron siete especies en los Estados Unidos, en Europa y en Asia, hasta llegar a Mongolia. Además, en 1878 llegaron a extraerse más de una treintena de esqueletos hallados en una mina de carbón de Bernissart (Bélgica).

El iguanodonte: el dinosaurio del que se han encontrado más fósiles.

DinoPr

Este dibujo es la primera representación del iguanodonte. ▶

Las reconstrucciones también evolucionan

En las primeras reconstrucciones, los dinosaurios se representaban como animales grandes con una cola gruesa que se arrastraba por el suelo. Pero el estudio de sus vértebras y la ausencia de rastros en sus huellas muestran que los dinosaurios debían de mantener la cola en horizontal, por encima del suelo.

Sue, el tiranosaurio rex más caro del mundo ▲

En 1990, una joven científica se encuentra con un hueso en Dakota (Estados Unidos). Avisa a los hermanos Larson, célebres coleccionistas de fósiles. Estos confirman que se trata de una vértebra de *Tyrannosaurus rex*. Durante un mes, rastrean el campo y extraen varias toneladas de huesos del suelo. Pero el propietario del terreno les pone un pleito, a pesar de que los fósiles no le interesan. Una vez ganado el pleito, los subasta. En 1997, el museo Field de Chicago los compra por 7,6 millones de dólares. Desde entonces, el esqueleto de este tiranosaurio rex, bautizado como Sue, ha sido reconstruido. Es el tiranosaurio más grande y más completo que nunca se haya descubierto.

Último descubrimiento

En el año 2008, se descubrió en Argentina el esqueleto de una nueva especie de dinosaurio. Se trataba del dinosaurio más antiguo conocido que no era exclusivamente carnívoro. Fue bautizado con el nombre de *Panphagia protos*. *Panphagia* quiere decir 'omnívoro' en griego y *protos* significa 'el primero'. Vivió hace doscientos cuarenta millones de años y medía solamente treinta centímetros de altura. ▼

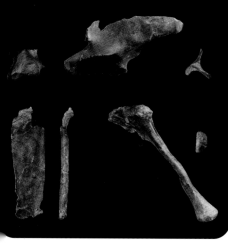

▲ ¡Qué bonita patita!

Este hueso fosilizado descubierto en África, en el desierto de Teneré, es una parte de la pata de un dinosaurio. Es tan grande como un hombre. Pertenece a un saurópodo que vivió hace ciento treinta y cinco millones de años. Los científicos estiman que este gran dinosaurio herbívoro, el jobaria, debía de medir de veintiún a veintitrés metros de longitud y pesar dieciocho toneladas.

Piel de dinosaurio

El juravenator es un pequeño dinosaurio carnívoro que vivió en el jurásico hace ciento cincuenta millones de años. Sobre su esqueleto, hallado en Alemania, se fosilizó la piel. No tiene ni plumas ni pelo. Los científicos piensan sin embargo que las aves modernas descienden de este tipo de dinosaurio. Este juravenator podría ser un ejemplar joven que todavía no tiene plumas o que se ha fosilizado en el momento de una muda.

imicias

Gran yacimiento

En la provincia de Shandong (China), hay varios paleontólogos que desde hace un año están muy ocupados con quince yacimientos. Han extraído del suelo más de siete mil seiscientos huesos en esta zona donde una cincuentena de toneladas de huesos de dinosaurios ya ha salido a la luz en el transcurso de cuarenta años. Entre sus descubrimientos están los huesos del hadrosáurido más grande: un dinosaurio con pico de pato, de 9 metros de alto y 16,6 metros de largo.

El anatotitán, o 'pato gigante', es un hadrosáurido, un dinosaurio con pico de pato.

¿Quién vive ahí?

En el jurásico, los dinosaurios se beneficiaban de un clima cálido y húmedo sobre la Tierra, en compañía de otros muchos animales y plantas.

LOS PRIMEROS MAMÍFEROS
Medían de cinco a diez centímetros de largo y se alimentaban cazando insectos.

LOS DINOSAURIOS VEGETARIANOS
Se alimentaban sobre todo de hojas que recogían directamente de los árboles.

LOS INSECTOS
Las libélulas, los escarabajos y las cucarachas eran las presas de los dinosaurios, los reptiles y los primeros mamíferos.

LOS DINOSAURIOS CAZADORES
Eran del tamaño de un pavo. Rápidos, capturaban insectos, pero también lagartos pequeños y mamíferos entre sus fuertes garras.

LOS LAGARTOS
Vivían en lugares secos. Vivos y ágiles, estos reptiles perseguían a los insectos y los capturaban de un golpe de mandíbula preciso.

LAS AMONITAS
Estos moluscos vivían en mares poco profundos, ocultos en una cáscara enrollada que podía alcanzar los dos metros de diámetro.

LOS REPTILES VOLADORES
No son ni dinosaurios ni aves.
Algunos reptiles voladores
medían hasta doce metros de un
extremo al otro de un ala.

LOS DINOSAURIOS CARNÍVOROS
Llevaban una vida solitaria.
Atacaban a otros dinosaurios,
pero también se alimentaban de
carne de animales muertos.

DINOSAURIOS EN MANADA
Podían atravesar pantanos. Estos
grandes vegetarianos se alimentaban
de hojas de helechos arborescentes.

EL ARQUEOPTÉRIX
Era del tamaño de una paloma y
tenía el cuerpo y la cola cubiertos de
plumas. Está considerado como el
pájaro más antiguo que se conoce.

LOS REPTILES MARINOS
Se pasaban la vida en el mar
alimentándose de peces y de
calamares. Algunos, como el
ictiosauro, medían nueve metros
de longitud.

LOS CANGREJOS HERRADURA
Estos crustáceos de la época de los
dinosaurios tienen descendientes que
se les parecen mucho. Actualmente
viven en las costas atlánticas
americanas.

EN EL MENÚ DE LOS DINOSAURIOS VEGETARIANOS

*Los dinosaurios no comían hierba
ni fruta de colores porque estos
vegetales no existían todavía. Las
plantas que predominaban en los
bosques de la era secundaria eran
verdes y marrones.*

**LA COLA DE
CABALLO**
Es la primera planta
que se yergue,
hasta alcanzar los
quince metros de
altura. Actualmente
todavía existen
especies más
pequeñas en los
prados húmedos.
No producen granos
sino esporas.

LOS HELECHOS
En el jurásico, los
helechos ocuparon
el lugar de la cola de
caballo en los continentes.
Llegan a alcanzar los veinte
metros de altura. Los
dinosaurios arrancaban las hojas de
la parte superior de un tronco sin
ramas, similar al de una palmera.

LAS CICADÁCEAS
Estaban muy extendidas en
los bosques del triásico y del
jurásico. Su tronco delgado
o robusto estaba formado
por la unión de los
pecíolos, hojas coriáceas
que brotaban en corona
en la parte superior.

LAS CONÍFERAS
Son las primeras plantas
que protegen su germen
en un grano lleno de
reservas de comida. Este
método de reproducción
les permitió dominar los
bosques hasta finales del
cretácico. Los dinosaurios
herbívoros mordían sus
hojas coriáceas.

**LAS PLANTAS
CON FLORES**
Estos
antepasados
de las magnolias, el lis
y los laureles se desarrollan en el
cretácico. Poseen grandes hojas
planas y bellas flores. Se sirven de los
insectos para transportar su polen. Sus
granos bien envueltos hacen su
reproducción tan eficaz que superan a
los demás vegetales existentes.

El arqueoptérix,

UN BUEN ESCALADOR
Se piensa que el arqueoptérix se agarraba a los árboles para coger altura. Desde allí, acechaba el paso de una presa y la perseguía en un largo vuelo planeado.

UNA LARGA COLA
Estaba cubierta de plumas y debía servir para equilibrar el vuelo.

MIEMBROS RECUBIERTOS DE PLUMA
Las patas delanteras estaban cubiertas de plumas que se deslizaban perfectamente en el aire. Las alas desplegadas medían sesenta centímetros de un extremo al otro.

UN FÓSIL EXTRAORDINARIO

Arqueoptérix significa 'ala antigua'. Porque sobre los fósiles, como este descubierto en Alemania, la cola y las patas delanteras están totalmente cubiertas de plumas. Pero, ¿era un dinosaurio o un ave?

MEDIO DINOSAURIO
El arqueoptérix tenía pelvis y cabeza de reptil. Como un dinosaurio, tenía los dientes curvados y cortantes, tres dedos en las patas delanteras y una cola de veinticinco vértebras.

el pariente de los aires

UN HOCICO AFILADO
Podía estar cubierto de escamas. La mandíbula de hueso tenía dientes.

Este arqueoptérix, que persigue a una libélula que vuela, vivió a finales del jurásico. Está considerado como el pájaro más viejo que se conoce.

DEDOS LARGOS
Los tres dedos de las patas delanteras terminaban en aceradas garras córneas. Les podían ser útiles para apresar a las víctimas.

MEDIO AVE
Pero el arqueoptérix no tenía piel de dinosaurio. El cuerpo, las alas y la cola estaban cubiertos de plumas. Y sobre todo tenía las clavículas soldadas, como las aves.

¿ACASO LAS AVES DESCIENDEN DE LOS DINOSAURIOS?
¡Sí! Los antepasados de las aves eran dinosaurios de la rama de los terópodos. El arqueoptérix, aparecido hace ciento cincuenta millones de años, no era mayor que una paloma.

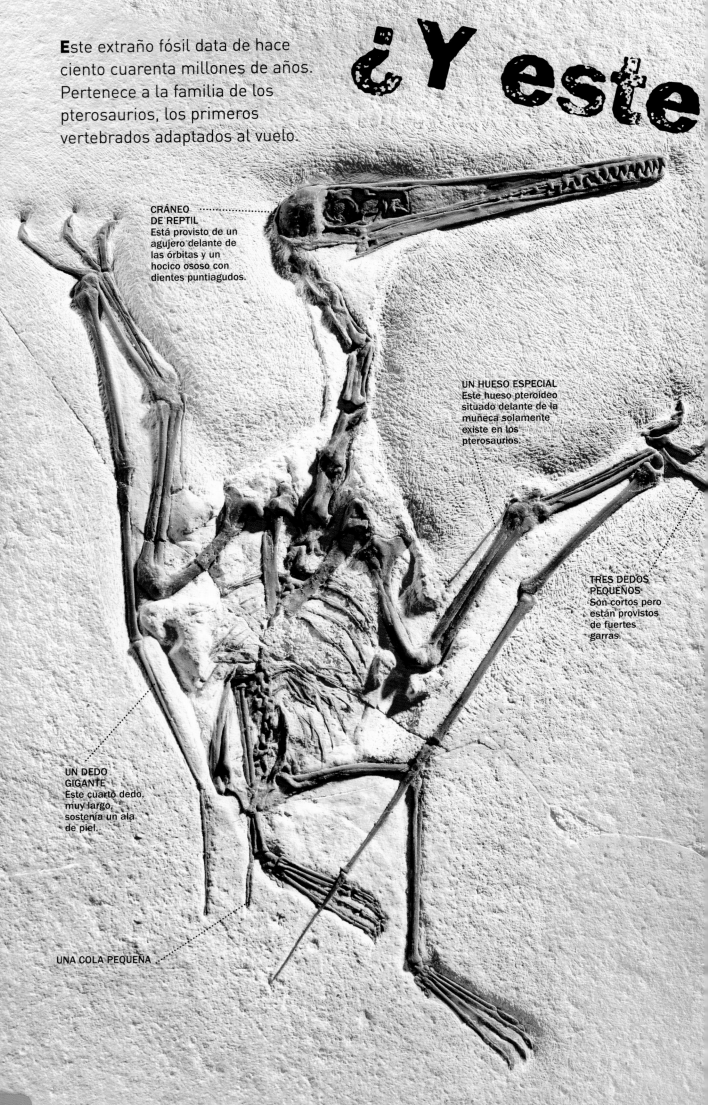

Este extraño fósil data de hace ciento cuarenta millones de años. Pertenece a la familia de los pterosaurios, los primeros vertebrados adaptados al vuelo.

¿Y este

CRÁNEO DE REPTIL
Está provisto de un agujero delante de las órbitas y un hocico ososo con dientes puntiagudos.

UN HUESO ESPECIAL
Este hueso pteroideo situado delante de la muñeca solamente existe en los pterosaurios.

TRES DEDOS PEQUEÑOS
Son cortos pero están provistos de fuertes garras.

UN DEDO GIGANTE
Este cuarto dedo, muy largo, sostenía un ala de piel.

UNA COLA PEQUEÑA

quién es

Es un reptil volador

Los pterosaurios son reptiles voladores. Tenían alas potentes, como nuestros murciélagos actuales.
Algunos pterosaurios eran tan pequeños como gorriones pero otros tenían la envergadura de un pequeño avión de turismo. Son los animales voladores más grandes que se conocen en la Tierra.

Ni ave ni dinosaurio

El esqueleto del pterosaurio no se parece al de un dinosaurio, porque su cuarto dedo es muy alargado. Servía para sostener una membrana de piel que hacía de ala, entre este dedo y las patas traseras. El hueso pteroideo sostenía otra membrana entre el cuello y el puño. El pterosaurio tampoco era un ave, porque no aparece ningún rastro de plumas en los fósiles y tiene dientes en las mandíbulas.

Una gran familia

Los primeros pterosaurios aparecieron en el triásico, hace doscientos treinta y cinco millones de años, casi al mismo tiempo que sus parientes, los dinosaurios. Enseguida se diversificaron. Algunos estaban dotados de una larga cola y de un pulgar grande en las patas de atrás. Otros llevaban crestas de diferentes formas en el cráneo.
Se conoce un centenar de especies de pterosaurios.

FABRICA UN FÓSIL

Necesitarás una concha de caracol vacía, yeso para moldear, vinagre blanco y pasta para modelar.

❶ Pon en remojo en agua caliente durante media hora la concha de caracol. Después sécala.

❷ Prepara una pasta lisa con tres cucharadas de yeso y una de agua.

❸ Vierte yeso en la concha y levántala para que llegue hasta el fondo.

POC POC

❹ Rellena bien toda la concha de yeso dando golpecitos para que suba el aire.

❺ Coloca la concha llena sobre la pasta para modelar y déjala secar durante veinticuatro horas.

❻ Pon la concha llena en un vaso de vinagre blanco durante seis horas.

❼ El vinagre descompondrá la concha y entonces quedará el molde interno.

Los pterosaurios, al vuelo

ALAS INMENSAS
Con doce metros de envergadura, este quetzalcoatlus es el animal volador más grande que jamás se haya conocido.

LAS PATAS
Servían al pterosaurio para caminar cuando estaba en el suelo.

TRAS LOS PASOS DE LOS REPTILES VOLADORES

Los pterosaurios forman una gran familia. No son dinosaurios: tienen pico y alas. Pero tampoco son aves: volaban por el cielo ochenta y cinco millones de años antes de que existieran las primeras aves. Son reptiles voladores.

❶ El paleontólogo Jean-Michel Mazin estudia una roca descubierta al sur de Francia. Reproduce en papel los restos fósiles de los pasos que ha dejado un pterosaurio hace ciento cuarenta millones de años.

❷ El esqueleto del pterosaurio y los restos dejados por sus pasos se digitalizan. En el suelo, las patas traseras han dejado huellas de cuatro dedos y las patas delanteras han dejado huellas de tres dedos.

UNA GRAN CRESTA
Podía ayudar al
pteranodón a
estabilizar su vuelo.

UN PICO SIN DIENTES
El quetzalcoatlus
capturaba a las presas
con su largo pico en la
superficie del agua o
del suelo.

UN PICO CON DIENTES
El dsungaripterus utilizaba
los dientes para sujetar mejor
a sus presas.

❸ El ordenador da movimiento a la silueta del pterosaurio. Jean-Michel Mazin comprueba que caminando el pterosaurio coloca las patas exactamente en el lugar donde se encuentran las huellas fósiles.

❹ Para que la silueta digitalizada coloque las patas en las huellas, debe caminar a cuatro patas. Es la prueba de que en el suelo el pterosaurio no se desplazaba a dos patas como un ave.

EL VUELO DE LOS REPTILES

En los aires, los pterosaurios desplegaban su cuarto dedo para sostener una membrana de piel que les servía de ala. Los primeros pterosaurios, aparecidos hace doscientos treinta y cinco millones de años, tenían las alas más cortas que los que desaparecieron al mismo tiempo que los dinosaurios, hace sesenta y cinco millones de años.

El ictiosauro, el gigante

UNA COLA CARNOSA
Era vertical. La columna vertebral terminaba en el lóbulo inferior.

Esta hembra de ictiosauro, fosilizada junto a un ejemplar joven, incubaba cinco crías en los huevos que albergaba en el vientre.

Tenía la silueta de un delfín, nadaba como un tiburón pero era un reptil. Los ictiosauros surcaban los mares en el jurásico.
Los más grandes medían hasta veinte metros de largo.

de los mares

OJOS GRANDES
Debían permitir al ictiosauro cazar a la vista y tal vez incluso en aguas turbias o de noche.

UN HOCICO AFILADO
Sus numerosos dientes cónicos atrapaban a las presas: calamares o peces.

TRAS LAS HUELLAS DE UN NUEVO ICTIOSAURO

Así fue descubierta una nueva especie de ictiosauro, de una longitud de siete metros y que databa de hacía ciento cuarenta y dos millones de años.

UN DESCUBRIMIENTO ACCIDENTAL
En 1970, cerca de la villa de Coulangeron, en el departamento de Yonne, un paleontólogo aficionado repara en la presencia de huesos fósiles. Sobresalen en la superficie de un terreno labrado. En seguida se pone en contacto con un especialista que identifica que son las vértebras de un reptil marino.

EXCAVACIONES MINUCIOSAS
Durante los tres veranos siguientes, se organizan excavaciones en este campo. Se extraen numerosos huesos, se numeran y se fotografían. Pero el cráneo, demasiado frágil, debe ser transportado en un caparazón de yeso.

UN ESTUDIO CIENTÍFICO
Una vez limpios e implantados, los huesos se exponen en el museo de Auxerre. Entonces, el especialista en reptiles marinos, Jean-Michel Mazin, se dedica a estudiarlos. Descubre que pertenecen a una especie de ictiosauro desconocido que recibe su nombre oficial en 1993: *Grendelius icaunensis.*

Dinosaurios por

Canadá es rico en fósiles de dinosaurios típicos de América del Norte: **triceratops**, anquilosaurios, troodones, paquicefalosaurios... El primer gran descubrimiento canadiense es el cráneo de un albertosaurio, gran carnívoro de la familia de los tiranosaurios.

El **tiranosaurio rex** fue descubierto en los **Estados Unidos**. En el centro y el oeste del país se encuentran grandes yacimientos de fósiles. Allí se han descubierto célebres dinosaurios: el diplodocus, el braquisaurio, el estegosaurio, el maiasaura y el coelophysis, uno de los primeros dinosaurios cazadores.

Argentina es la cuna de los primeros dinosaurios conocidos, como el **eoraptor** y el herrerasaurio. Pero se han hallado muchos otros dinosaurios de todas las épocas de la era secundaria: el argentinosaurio, el patagosaurio, el carnotauro, predador como el tiranosaurio rex, etc.

La fauna de la **Antártida** se parece a la de Australia; estas regiones formaban en la era secundaria un único continente. Los dinosaurios, como el **leaellynasaura**, pequeño herbívoro bípedo, o el alosaurio enano se han adaptado al clima más frío y a la oscuridad del invierno polar que reinaban en el continente.

todas partes

El **iguanodonte** estaba muy extendido por todo el mundo, pero en **Europa**, cuna de la paleontología, es donde hemos encontrado la mayoría de fósiles: en Inglaterra, Alemania, Bélgica, España, Francia, etc. También se han descubierto en Europa el compsognathus, el plateosaurio, el baryonyx, el ipsilofodón, el megalosaurio, etc.

El **psittacosaurio**, este antiguo pariente de los triceratops, fue descubierto en **China**, donde también se halló el famoso microraptor, el dinosaurio con alas. China y Mongolia, de donde provienen el velociraptor y el oviraptor, por ejemplo, no cesan de revelar nuevos hallazgos.

En **Tanzania** se han descubierto el **braquiosaurio** y el kentrosaurio, pariente africano de los estegosaurios. África todavía está poco explorada, pero ya se ha descubierto el ouranosaurio, de la familia de los iguanodontes, el espinosaurio en Níger y muchos otros en Madagascar, Marruecos o África del Sur.

En **Australia** se encuentran dinosaurios de regiones polares como el **mutaburrasaurio**, pariente lejano del iguanodonte. Pero esta isla continente también alberga especies más comunes como el anquilosaurio o el oviraptor.

LOS GRANDES DESCUBRIMIENTOS

En todos los continentes se han descubierto huesos, huevos y huellas de dinosaurios. A principios del siglo XIX es cuando empieza realmente su descripción científica.

EL PRIMER DINOSAURIO
El primer dinosaurio bautizado en 1824 es el megalosaurio, que significa 'lagarto grande'. William Buckland se basó en un fragmento de mandíbula y en algunos huesos esparcidos que se descubrieron en Inglaterra para hacer su descripción científica.

EL DIENTE DEL IGUANODONTE
En 1822, un médico inglés descubre un curioso diente entre un montón de piedras. Lo muestra a numerosos científicos hasta que se le encuentra un parecido notable con los dientes de las iguanas actuales. El iguanodonte es reconocido oficialmente en 1825.

LA FIEBRE DEL DINOSAURIO
A mediados del siglo XIX, en Estados Unidos, dos hombres, Cope y Marsh, dedican su vida y su fortuna a la investigación de fósiles. Entre los dos describirán más de ciento treinta especies de dinosaurios americanos.

CONTINUARÁ...
Descubrimientos de nidos, huevos, plumas, centenares de especies de nuevos dinosaurios, huellas de pasos... los paleontólogos actuales siguen interpretando los vestigios de la era secundaria inscritos por todo el globo.

La Tierra no siempre ha sido como la conocemos. Sus habitantes, su clima, pero también sus continentes han cambiado mucho. El descubrimiento de los fósiles nos ha permitido comprenderla. A los primeros que se han atrevido a decir que los continentes no siempre han estado en el lugar que ocupan actualmente no se les ha tomado en serio. ¡Hay que ser muy osado para defender una idea así!

PALEORE

LOS CONTINENTES

Los cinco continentes no siempre han estado separados. Hace doscientos cincuenta millones de años formaban una sola tierra: Pangea.

Hace doscientos millones de años, Pangea empieza a separarse en dos bloques: Laurasia y Gondwana, que a su vez aún volverán a disgregarse en dos. Así pues, ciento veinte millones de años atrás existían cuatro bloques: África-América del Sur, Australia-India-Antártida, América del Norte y Eurasia. Después

África se encuentra con Europa y, hace cincuenta y cinco millones de años, la India se acerca a Asia y termina por chocar con ella. Australia se separa de la Antártida. Los cinco continentes están formados. ¡Pero siguen moviéndose! Es lo que llamamos la *deriva de los continentes*.

Sobre una cinta transportadora

Las rocas de la superficie de la Tierra, la corteza terrestre, reposan sobre placas de ro-

¡QUÉ DIFÍCIL ES TENER RAZÓN!

Las costas africana y sudamericana se parecen extrañamente. Si las acercamos encajan como dos piezas de un puzzle. ¿Coincidencia? Y estas plantas y estos animales fósiles, ¿cómo es que están separados por un océano? «Lenguas de tierra hacían de puentes entre los continentes. Estos puentes han desaparecido en la actualidad», decían los sabios. No era así para Alfred Wegener, un científico alemán que defendía que los cinco continentes estaban unidos en otra época y que se habían separado. Cuando expone su idea en 1912, todo el mundo se ríe de él. La tierra es sólida, ¿cómo puede ser que los continentes se hayan movido? Wegener no logra explicarlo, pero está seguro de tener razón.

Wegener no logra explicarlo, pero está seguro de tener razón.

Y efectivamente la tiene, pero todavía habrá que esperar cuarenta y ocho años para comprender lo que pasa. En 1960, se descubre el motor que desplaza los continentes: la tectónica de placas. Wegener muere sin conocer la solución, treinta años antes.

El científico alemán Alfred Wegener.

LOS CONTINENTES EN EL TRANSCURSO DEL TIEMPO

❶ **FIN DE LA ERA PRIMARIA**
Solamente hay un continente: Pangea.

❷ **JURÁSICO**
Pangea se disgrega en dos: Laurasia y Gondwana.

❸ **PRINCIPIOS DEL CRETÁCICO**
A su vez, se dividen los dos bloques.

Pangea

Laurasia
Gondwana

América del Norte
Eurasia
África
América del Sur
India
Australia
Antártida

A LA DERIVA

las placas tectónicas. científicos han locali- ocho placas tectónicas des y diez pequeñas. Es- placas flotan sobre rocas das del manto terrestre... se desplazan. Arrastra- por los movimientos del o terrestre, las placas nicas y los continentes dos encima son trans- dos como sobre una

cinta transportadora. De este modo, las placas se mueven de dos a siete centímetros por año. No hay motivos para alarmarse en los siglos veni- deros, pero dentro de millones de años, ¡se habrá sumado una distancia consi- derable! Este movimiento se denomina *tectónica de pla- cas*. Es el motor de la deriva de los continentes.

LA PRUEBA DEL SARCOSUCHUS

En 1966, unos paleontólogos descubren en África los restos de un inmenso crocodriliano, el sarcosuchus. Vivió allí hace ciento diez millones de años. Asimismo, estos investigadores saben

El sarcosuchus, un crocodriliano.

que se ha encontrado el fósil de un crocodriliano de la misma época en América del Sur en el siglo XIX. Examinan el segundo fósil: también se trata de un sarcosuchus. ¡Y qué coincidencia: cuando se acercan las costas de América del Sur y las de África, las dos regiones en las que se han descubierto sarcosuchus... encajan! Este descubrimiento aporta la prueba de que América del Sur no estaba totalmente separada de África hace ciento diez millones de años.

UN HUESO DIFÍCIL DE ROER

En el año 2008, un hueso fósil descubierto en Austra- lia siembra la duda. De una antigüedad de ciento diez millones de años, pertenece a un pariente del mega- raptor, que también fue hallado en América del Sur. Se creía que Australia y América del Sur formaban parte de bloques que se habían separado treinta millones de años antes. ¿Acaso los dos continentes conservaron los víncu- los durante más tiempo? ¡A excavar!

LA TIERRA: UN PUZZLE GIGANTESCO

Las flechas unen los lugares que antes estaban unidos. Los bordes de los continentes parecen encajar como las piezas de un puzzle.

Las rocas antiguas son idénticas de un continente a otro.

Se han hallado fósiles idénticos a cada lado de los océanos, en continentes distintos:

Cynognathus

Mesosaurio

Listrosaurio

Glossopteris

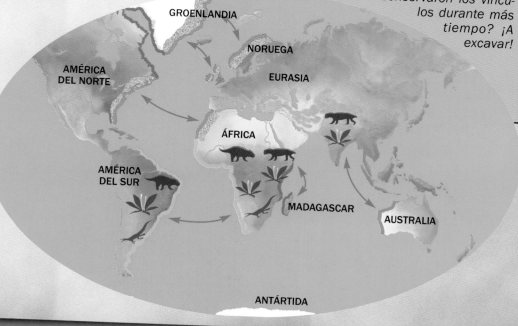

GROENLANDIA

NORUEGA

EURASIA

AMÉRICA DEL NORTE

ÁFRICA

AMÉRICA DEL SUR

MADAGASCAR

AUSTRALIA

ANTÁRTIDA

❹ FIN DEL CRETÁCICO
Los bloques se alejan los unos de los otros.

América del Norte Eurasia

África

América del Sur

India

Antártida

❺ ERA TERCIARIA
La India choca con Asia.

Eurasia

América del Norte

África

India

América del Sur

Antártida

❻ ACTUALMENTE
Los cinco continentes: Eurasia, África, Antártida, América y Australia continúan desplazándose.

Eurasia

Océano Atlántico

África

América

Océano Índico

Antártida

1 Hace sesenta y cinco millones de años, un gran asteroide llegado del espacio choca contra la Tierra a la altura del actual México. Es un choque terrible. Al explotar, el asteroide forma un cráter y provoca un maremoto.

2 El polvo del asteroide y de rocas pulverizadas en la atmósfera impiden la llegada de los rayos del sol. Las plantas verdes se marchitan. Los herbívoros mueren de hambre y a los depredadores ya no les quedan presas.

3 En el frío y la oscuridad, los carroñeros sobreviven más tiempo. Pero muy pronto mueren todos los dinosaurios.

4 En el agua, los peces se alimentan de gusanos. En tierra, los mamíferos y las aves sobreviven capturando insectos.

El Fin del reino

La colisión extraterrestre es la hipótesis más reconocida para explicar la desaparición brutal de todos los dinosaurios. Pero existen, por lo menos, tres más:

UN VOLCANISMO INTENSO

Según esta hipótesis numerosos volcanes reactivados liberaron enormes cantidades de polvo volcánico en la atmósfera. Hacía más frío y todo era más sombrío. Muchas plantas y animales desaparecieron definitivamente.

UN CAMBIO DE CLIMA

En este caso, en determinadas regiones las estaciones cada vez eran más marcadas. Los mares cálidos y poco profundos, ricos en plancton, eran mucho menos extensos. Las plantas y los animales, sobre todo los reptiles, no pudieron soportar este cambio.

UN ATAQUE DE LOS MAMÍFEROS

La última hipótesis sostiene que después de haber vivido junto a los dinosaurios durante más de cien millones de años, los mamíferos evolucionaron repentinamente. Atacaron los nidos de los reptiles y devoraron los huevos de los dinosaurios. Sin descendencia, los dinosaurios se extinguieron.

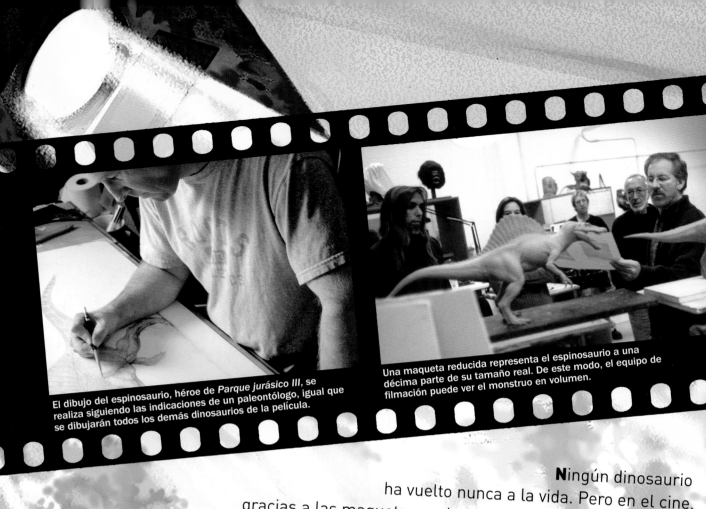

El dibujo del espinosaurio, héroe de *Parque jurásico III*, se realiza siguiendo las indicaciones de un paleontólogo, igual que se dibujarán todos los demás dinosaurios de la película.

Una maqueta reducida representa el espinosaurio a una décima parte de su tamaño real. De este modo, el equipo de filmación puede ver el monstruo en volumen.

Ningún dinosaurio ha vuelto nunca a la vida. Pero en el cine, gracias a las maquetas y a las imágenes digitales animadas, parece que todavía estén vivos.

Un maquillaje de estrella recubre al espinosaurio. Está pintado escama a escama. Al final, el robot-dinosaurio pesa doce toneladas, casi tanto como un espinosaurio vivo.

En otro estudio, se confecciona una escultura digital sobre pantalla a partir de una foto robot de velociraptor. Se transforma en copia digital en 3D.

¿DÓNDE PUEDEN VERSE DINOSAURIOS?

EN ESPAÑA
En Madrid, en el Museo de Ciencias Naturales.
http://www.mncn.csic.es

En Teruel, Dinópolis forma parte de un gran parque paleontológico junto con otros cuatro museos de la provincia dedicados al mundo de los dinosaurios. http://www.dinopolis.com

En Asturias, cerca de Colunga, se encuentra el Museo del Jurásico de Asturias (MUJA), un singular edificio en forma de huella de dinosaurio.
http://www.museojurasicoasturias.com

En Soria, se puede visitar la Ruta de las Icnitas de las Tierras Altas de Soria, un yacimiento de icnitas o huellas fosilizadas de dinosaurios.
http://www.rutadelasicnitas.com

EN BÉLGICA
En Bruselas, en el Institut Royal des Sciences Naturelles, la galería de los dinosaurios presenta más de treinta esqueletos completos y numerosos fragmentos auténticos.
http://www.sciencesnaturelles.be

EN FRANCIA
En Mèze, departamento de Hérault, en el Musée-Parc des Dinosaures. Se pueden contemplar varias especies de dinosaurios. http://www.musee-parc-dinosaures.com

En París, en el Jardin des Plantes, hay esqueletos gigantes en la galería de anatomía comparada y de paleontología del Muséum national d'Histoire naturelle.
http://www.mnhn.fr

Se construye una maqueta de tamaño natural del espinosario. Mide quince metros de largo, aunque en la película solo aparecerá la parte delantera.

Un robot de acero animará la maqueta. Las piezas articuladas podrán moverse gracias a los engranajes piloto mediante cables.

EL REGRESO

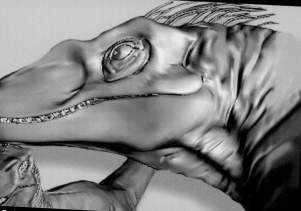

Sobre las imágenes digitales, los efectos especiales permiten ver cómo se contraen los músculos de la piel cuando el velociraptor se mueve.

En el cine, el espectador ve a los velociraptors rodeando al actor. Las imágenes digitales se han incrustado después del rodaje.

EN INGLATERRA
En Londres, en el National History Museum, una exposición permanente con reconstrucciones y fósiles.
http://www.nhm.ac.uk

Y también en el Crystal Palace Park, al aire libre, con las esculturas realizadas según las instrucciones de Richard Owen.

En Norfolk, en el Dinosaur Park, un paseo en familia entre dinosaurios reconstruidos.
http://www.dinosauradventure.co.uk

EN ALEMANIA
En Frankfurt, en el museo natural Senckenberg, la colección más grande de esqueletos de dinosaurios montados de Alemania.
http://www.senckenberg.de

EN POLONIA
En Baltow, en el Jurassic Park, dinosaurios reconstruidos de tamaño natural.
http://www.juraparkbaltow.pl

EN LOS ESTADOS UNIDOS
En Texas, en Kentucky y en Florida, en los Dinosaur World, parques de ocio con centenares de dinosaurios reconstruidos a tamaño natural.
http://www.dinoworld.net

EN CANADÁ
En Alberta, puede visitarse el Dinosaur Provincial Park, declarado yacimiento histórico por la UNESCO. Es uno de los yacimientos de fósiles más importantes del mundo. Se han hallado allí treinta y cinco especies de dinosaurios distintos.

EL ROBOT
Tanto los movimientos como el maquillaje son tan logrados que parece que el velociraptor esté vivo. Sin embargo, no puede correr ni caminar. En la proyección, los espectadores no ven los cables que lo dirigen.

LA ILUMINACIÓN
Su emplazamiento se transmitirá a los estudios de efectos especiales, para que los dinosaurios digitales sean iluminados como si estuvieran en escena.

EL DECORADO
Es una selva reproducida en un estudio.

EL ACTOR
Actúa como si estuviera frente a un verdadero velociraptor. Asimismo, debe hacer ver que está sorprendido ante la aparición a su izquierda de los otros dos dinosaurios.

EL CUADRO DE MANDO
Permite que el técnico dirija el robot para moverlo. Puede incluso reproducir los movimientos de la respiración del velociraptor.

LA PANTALLA DE CONTROL
Sirve para controlar los encuadres previstos por el director.

En esta escena de *Parque jurásico III*, el profesor Alan Grant es atacado por tres velociraptors. Sin embargo, en el plató de rodaje solo hay un robot. La imagen digital de los demás dinosaurios se integrará más tarde.

LAS CABEZAS
Son desplazadas por técnicos. A continuación serán sustituidas por las imágenes digitales de los velociraptors.

LA CÁMARA
Está montada sobre raíles para poder avanzar o retroceder. Gracias a este *travelling*, la cámara puede seguir los desplazamientos del actor.

EL DIRECTOR
Supervisa el rodaje y comprueba que se desarrolla siguiendo el *story board*, una especie de cómic que relata la película.

¡SILENCIO, SE RUEDA!

OTRAS PELÍCULAS SOBRE DINOSAURIOS
Desde hace veinte años, los dinosaurios han invadido las pantallas en los dibujos animados, las películas de aventura, de ciencia ficción y también en los documentales.

MI AMIGO DINO, 2006, y *EL MUNDO MARAVILLOSO DE IMPY*, 2008, de Holger Tappe y Reinhard Klooss. Son unos dibujos animados en los que Impy es un extraño pequeño dinosaurio llegado de la edad del hielo.

EN BUSCA DEL VALLE ENCANTADO, de Don Bluth, 1988. Uno de los primeros dibujos animados en que el héroe es un dinosaurio.

VIAJE AL CENTRO DE LA TIERRA, de Eric Brevig, 2008. Película de ciencia ficción en 3D en que los héroes van al descubrimiento de criaturas fabulosas hacia las profundidades de la Tierra.

DINOSAURIO, de Eric Leighton y Ralph Zontag, 2000. Película de animación con dinosaurios del cretácico en imágenes de síntesis concebidas por los estudios Walt Disney.

Superviviente de la era primaria

La lamprea es una especie de pez sin mandíbula, uno de los primeros peces que ha poblado los mares. Lo más increíble es que desde hace trescientos sesenta millones de años prácticamente no ha evolucionado. Ha crecido un poco: un fósil hallado en África del Sur muestra que en la época solo medía 3 centímetros mientras que actualmente la lamprea marina mide 1,20 metros.

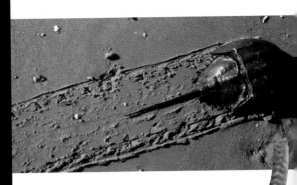

El tenaz cangrejo de herradura

El cangrejo de herradura es parecido a las arañas y a los escorpiones. Parece no haber evolucionado en quinientos millones de años. De las aguas de la era primaria a las playas actuales, el cangrejo de herradura siempre se ha adaptado perfectamente y ha sobrevivido a dos importantes extinciones de seres vivos.

Están bien vivos hoy en día, pero se parecen como hermanos a sus antepasados, que conocieron a los dinosaurios.

Retratos de supervivientes

¡La viva imagen de su antepasado

Nuestras bellas libélulas parecen modelos reducidos de los *Meganeura*, sus viejos antepasados de hace doscientos treinta millones de años... Estas libélulas gigantes medían un metro de longitud y ochenta centímetros de envergadura.

Una pesca milagrosa

¡Qué sorpresa pescar en 1938... un pez fósil vivo! Los científicos creían que el celacanto había desaparecido hacía mucho tiempo. Era un pez muy abundante en el cretácico, pero actualmente corre un grave peligro de extinción. Ojalá no desaparezca dentro de unos cuantos años debido a la pesca, ya que ha logrado vivir más de cuatrocientos millones de años sin problemas.

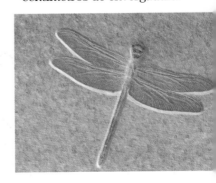

El pulpo

Hace alrededor de quinientos millones de años, el pulpo era un molusco con caparazón. Se cree que para huir mejor de los depredadores poco a poco fue abandonando su pesada armadura.

Ni una arruga

En Mongolia salieron a la luz quinientos fósiles de salamandras. Fueron extraídos de la lava de un volcán hace ciento sesenta millones de años. Los paleontólogos son categóricos al respecto: son muy parecidas a las salamandras actuales.

El monstruo de los pantanos

Los pantanos del jurásico albergaban salamandras de siete metros de largo. Actualmente, la mayor de la familia es la salamandra gigante de China, con sus dos metros de longitud. ▼

Los dientes del mar

Los primeros tiburones aparecieron hace cuatrocientos treinta millones de años. Muchos han adoptado su forma moderna desde el cretácico. En el año 2007, un pescador japonés se encontró frente a frente con un tiburón prehistórico, el tiburón lagarto, que normalmente vive a más de seiscientos metros de profundidad.

Cuando las tortugas tenían dientes

¿A qué se parecía el antepasado de las tortugas? A una tortuga... de un metro de largo y con dientes. La *Proganochelys* es la más antigua de las tortugas conocidas. Vivía en agua dulce, en el triásico superior.

La selección natural

Darwin observa que, para una misma especie, existen variaciones de un animal a otro. Gracias a sus dientes más largos o a su pico más grande, un animal puede tener ventajas respecto a los demás. Este animal, mejor adaptado, se reproducirá más fácilmente. Transmitirá sus características a sus crías, que a su vez las transmitirán a las suyas. Y así sucesivamente. Los animales peor adaptados se reproducirán menos. Cada vez serán menos numerosos y podrán llegar a desaparecer. A esto se le llama *la selección natural*.

LA EVOLUCIÓN, UNA TEORÍA QUE INCOMODA

En la época de Darwin, se creía que todos los animales siempre habían existido tal como son. Darwin no solo afirma que evolucionan sino que dice que el hombre también evoluciona como cualquier animal. La teoría desata un alud de opiniones contradictorias. Todavía hoy, algunas personas no consideran la idea de tener un antepasado común con los simios.

¿Qué es la evolución?

La evolución es uno de los conceptos más importantes de la biología moderna. Charles Darwin, un científico inglés, fue el que la enunció hace ciento cincuenta años. Su teoría explica la diversidad de los seres vivos sobre la Tierra.

La evolución: la prueba con los fósiles

Los seres vivos están siempre evolucionando. Los fósiles pueden mostrar las etapas por las cuales han pasado los animales. Por ejemplo, el pakicetus, el cetáceo común más antiguo, tenía los orificios nasales en el extremo del hocico. Veinticinco millones de años después, los orificios nasales de su descendiente, el aetiocetus estaban situados en el centro del hocico. Actualmente, los orificios nasales de las ballenas están en la parte superior del cráneo.

Charles Darwin trabajó veinte años en la teoría de la evolución antes de hablar de ello.

DE LA TIERRA AL MAR, LA EVOLUCIÓN DE LA BALLENA

El antepasado de la ballena vivía en tierra firme. Poco a poco fue convirtiéndose en un ser acuático. He aquí cómo un mamífero terrestre se convierte en acuático.

❶ Hace cincuenta millones de años, los antepasados de los cetáceos eran mamíferos terrestres que vivían a orillas del mar..

❷ Pasaban cada vez más tiempo en el agua. Por esta razón, el pelaje se les fue acortando y las orejas y las patas se les encogieron.

❸ Progresivamente las patas se les fueron convirtiendo en aletas y les desapareció totalmente el pelaje.

❹ Hace veintiséis millones de años, los cetáceos ya se parecían a los que conocemos en la actualidad.

Poco después de los dinosaurios, vivieron otros gigantes sobre la Tierra. El *Baluchitherium* es el mamífero terrestre más grande de todos los tiempos. Vivió en Asia hace treinta millones de años.

El Baluchithe

La reconstrucción

Los indicios hallados en la arena de desierto y los quinientos fragmento de huesos fósiles nos cuentan la historia del gigante. Hace treinta millones de años, en la selva tropic de entonces, una pequeña manada de *Baluchiterium* fue atacada por cocodrilos gigantes. Algunos se ahogaron y se fosilizaron. A partir este esqueleto reconstruido, hemos podido dibujar el retrato del gran herbívoro.

Esta caña de bambú mide un metro, lo que nos da una idea del tamaño del *Baluchitherium*.

OTROS ANIMALES DESAPARECIDOS

El Baluchitherium *no es el único animal de la era terciaria o cuaternaria que ha desaparecido. Hay muchas otras especies que habitaron en nuestro planeta y que solo existen en forma de fósiles. He aquí algunos ejemplos de ello.*

EL *ARSINOITHERIUM*
Pariente lejano de los elefantes, está provisto de dos enormes cuernos en la punta de la nariz y de dos pequeños sobre la frente. Este habitante de las selvas tropicales húmedas vivió entre treinta y treinta y seis millones de años.

EL TIGRE CON DIENTES DE SABLE
Del tamaño de un león, tiene unos caninos gigantescos, de una longitud de dieciocho centímetros. Vivió en América hace entre diez mil y dos millones y medio de años. Puede se que desapareciera debido al cambio climátic o porque fue cazado por el hombre.

...ium

Un descubrimiento en dos tiempos

En 1910, un paleontólogo inglés descubre el esqueleto fósil de un mamífero gigante, en Pakistán. Debido a las guerras, tiene que abandonar su labor. Noventa años después, un paleontólogo francés parte en busca del fósil. No encuentra el lugar perdido hasta la sexta expedición, después de agotadores viajes por el desierto montado en un dromedario.

DOCUMENTO DE IDENTIDAD

Nombre: Baluchitherium, *que quiere decir 'bestia de Baluchistán'*
Longitud: *9 metros*
Altura hasta la cruz: *5,5 metros*
Peso: *25 toneladas*
Época: *era terciaria, de 24 a 35 millones de años*
Su pariente más cercano actual: *el rinoceronte*

EL MEGATERIO
...ste gigantesco perezoso de tres toneladas ...e peso y seis metros de longitud vivió en ...mérica hasta hace unos once mil años. ...guido sobre sus patas traseras, lograba ...canzar las hojas altas con sus garras de ...einta centímetros.

EL MAMUT
Pariente de los elefantes de Asia, está bien adaptado al frío, ya que está provisto de un espeso pelaje lanoso. Todavía vivía en Siberia hace cinco mil setecientos años. Allí se encontraron mamuts enteros congelados.

Esta salamanquesa pertenece a una especie hasta hoy desconocida. Nació en el Muséum national d'Histoire naturelle de París, a partir de huevos descubiertos en el hueco de un árbol en la isla de Espíritu Santo, en el Pacífico. Hasta que las pequeñas salamanquesas no alcanzaron su tamaño adulto, ocho centímetros con la cola incluida, los científicos no constataron que pertenecían a una nueva especie. La denominaron *Lepidodactylus buleli*, que significa 'dedos escamosos'.

ESPECIES NUEVAS

Los científicos han descrito alrededor de dos millones de especies vivas, animales, plantas, hongos y bacterias, pero al parecer todavía quedan muchas más por descubrir, entre cinco y cincuenta veces más. La elaboración de este inventario puede llevar centenares de años, puesto que son pocos los científicos que saben hacer este trabajo.

¿Cuál es la

Al estudiar de cerca varios delfines mulares de las costas del sur de Australia, los investigadores se dieron cuenta de que pertenecían a una especie distinta a la de los otros delfines mulares.

Esta planta de flores amarillas con cinco pétalos, la ludwigia, fue descubierta en Francia hace menos de treinta años. Esta especie no es totalmente nueva, ya que es muy conocida en América del Sur, de donde es originaria. Pero en Francia, se extiende rápidamente en los estanques y ahoga a las demás plantas. Los botánicos siguen descubriendo cada año centenares de especies nuevas de plantas, como una palmera gigante que brota en las montañas de Madagascar.

En Laos, se acaba de definir científicamente por primera vez un roedor. Pertenece a una familia de roedores que creíamos extinta desde hace once millones de años. Sin embargo, los lugareños lo capturan desde siempre para comerlo. Lo llaman el *Kha-Nyou*. Al ver sus restos expuestos en un mercado, a un científico se le ocurrió estudiar este animal que no se parece a ningún otro. Tras diez años de investigaciones, lo bautizó como *Laonastes aenigmamus*, es decir, 'el enigmático ratón de Laos'.

LAS ESPECIES DESAPARECEN

Una especie vive una media de ocho millones de años. Evoluciona y acaba por desaparecer. Cuando se producen grandes crisis como la que aniquiló a los dinosaurios y a un 75% de las demás especies, la desaparición es masiva. Desde hace cinco siglos, parece que hemos entrado en una sexta gran crisis de extinción, esta vez provocada por las actividades humanas.

El dodo de la isla Mauricio fue totalmente aniquilado por la caza en el siglo XVII. Pudo ser reconstruido gracias a varios croquis y al hallazgo de huesos antiguos.

situación actual?

La evolución de la vida continúa sobre la Tierra. Cada año, los científicos describen especies nuevas hasta hoy desconocidas. Pero, al mismo tiempo, se extinguen numerosas especies.

La rana toro es originaria de América. Después de ser introducida en el suroeste de Francia, amenaza con hacer desaparecer a las demás especies de ranas, puesto que ataca a sus renacuajos o les roba sus presas.

Los osos polares son cada vez menos numerosos en el Ártico, puesto que, debido al calentamiento climático, su territorio de caza, el banco de hielo, se reduce. Debido a que están peor alimentados, se reproducen con dificultad.

El orangután, como muchas especies de las selvas tropicales, está amenazado por la explotación de la madera y la habilitación para el cultivo de las tierras en las que vive en estado salvaje. Estos grandes monos ocuparon en tiempos pasados grandes selvas del sudeste de Asia. Actualmente no viven más que en dos islas: Borneo y Sumatra.

1 ¿Qué significa *dinosaurio*?
A Lagarto aterrador
B Lagarto terrible
C Reptil enorme

2 ¿Quién enunció la teoría de la evolución?
A William Buckland
B Alfred Wegener
C Charles Darwin

3 Para proteger un fósil que deben transportar, los paleontólogos utilizan:
A Resina y yeso
B Yeso y cola
C Resina y algodón

4 ¿Qué información no pueden proporcionar los fósiles acerca de los dinosaurios?
A La potencia de su grito
B Su tamaño
C Su forma de alimentación

5 ¿Qué utilizan los paleontólogos para excavar las rocas?
A Dinamita
B Un martillo neumático
C Una excavadora

6 ¿Qué es un coprolito?
A El nido fosilizado de un dinosaurio
B Un excremento fosilizado de un dinosaurio
C El contenido fosilizado del estómago de un dinosaurio

7 ¿De qué dinosaurio hemos hallado más fósiles?
A Del tiranosaurio rex
B Del eoraptor
C Del iguanodonte

8 Según Plinio el Viejo, los dientes de tiburones fosilizados son...
A Lenguas de piedra
B Uñas de gigante
C Narices de piedra

9 ¿Dónde fue descubierto el primer dinosaurio?
A En Montreal (Canadá)
B En Riodeva (España)
C En Stonesfield (Inglaterra)

10 ¿El pterosaurio no era ni completamente dinosaurio ni completamente...?
A Reptil
B Ave
C Pez

11 ¿Qué es lo que diferencia a un ornitisquio de un saurisquio?
A La cabeza
B Los pies
C La pelvis

12 ¿Por qué podemos apodar al triceratops «cabezón»?
A Era el más inteligente de todos los dinosaurios.
B Posee la cabeza más grande conocida en un animal terrestre.
C Estaba orgulloso de sí mismo y se vanagloriaba de ello constantemente.

18 ¿En qué período vivieron los dinosaurios?
A En la era secundaria
B En la era terciaria
C En la era cuaternaria

19 En una película, ¿cómo se acciona la maqueta de un dinosaurio?
A Con un robot de acero
B Lo hace un titiritero
C Con un actor escondido dentro

20 ¿Cuál es el mamífero terrestre más grande de todos los tiempos?
A El mamut
B El megaterio
C El *Baluchitherium*

13 ¿Cuál era la particularidad física del anquilosaurio?
A Los cuernos
B Las garras
C La coraza

14 ¿Qué era probablemente lo que propiciaba que el ictiosauro fuera un buen cazador?
A Su sónar
A La transparencia de las aguas
C Sus grandes ojos

15 Aparte de comida, ¿qué contenía el estómago de un dinosaurio herbívoro?
A Piedras pulidas
B Una escofina
C Lagartos

16 ¿Cuántos huevos podía poner una nidada de maiasaura?
A Varios centenares
B Hasta veinticinco
C Una cincuentena

17 ¿Cuántas vértebras tenía la cola de un diplodocus?
A 60
B 80
C 100

Respuestas:

1. B (véase pp. 12-13) 2. C (véase pp. 58-59) 3. A (véase pp. 16-17)
4. A (véase pp. 10-11) 5. B (véase pp. 16-17) 6. B (véase pp. 26-27)
7. C (véase pp. 34-35) 8. A (véase pp. 14-15) 9. C (véase pp. 12-13)
10. B (véase pp. 40-41) 11. C (véase pp. 12-13) 12. B (véase pp. 32-33)
13. C (véase pp. 24-25) 14. C (véase pp. 44-45) 15. A (véase pp. 26-27)
16. B (véase pp. 20-21) 17. B (véase pp. 28-29) 18. A (véase pp. 8-9)
19. A (véase pp. 52-53) 20. C (véase pp. 60-61).

Si has obtenido 20 respuestas correctas, ¡muy bien!
Si no, vuelve a leer el libro...

Índice

A

África	35, 47, 48, 49
- África del Sur	47, 56
- Madagascar	47, 49, 62
- Marruecos	47
- Tanzania	47
Agua	8, 10, 14, 29, 59
Albertosaurio	46
Ala	37, 38, 39, 40 41, 42, 43, 47
Alosaurio	13, 22, 23, 46
Ámbar	14
América	60, 61, 63
- América del Norte	46, 48, 49
- América del Sur	12, 48, 49, 62
- Argentina	35, 46
- Canadá	46, 53
- Estados Unidos	20, 34, 46, 47, 53
Amonita	14, 36
Anatotitán	35
Anquilosaurio	13, 25, 31, 32, 46, 47
Antártida	46, 48, 49
Apatosaurio	10, 11
Arena	11, 18, 60
Arqueoptérix	13, 37, 38, 39
Ártico	63
Argentinosaurio	32, 46
Asia	34, 60, 61, 63
- China	13, 35, 47, 57
- India (la)	48
- Laos	62
- Mongolia	34, 47, 57
- Pakistán	61
Ataque	24, 25
Australia	46, 47, 48, 49, 62
Australopitecus	9
Ave	11, 12, 13, 35, 37, 38, 39, 41, 42, 43, 51

B

Bacteria	8, 62
Baluchiterium	60, 61
Baryonyx	47
Bípedo	22, 23, 46
Barro	11, 23
Bosque	23, 37, 54, 60, 63
Braquiosaurio	13, 32, 46, 47
Buckland, William	13, 47

C

Cangrejo de herradura	37, 56
Caparazón	14, 20, 21, 36, 41, 57
Carnívoro	11, 12, 13, 19, 22, 23, 25, 26, 27, 30, 32, 33, 35, 37, 46
Carnotauro	46
Carroñero	10, 31, 33, 51
Cazador	11, 31, 32, 36, 46
Ceratópsido	25
Cerebro	33
Cetáceo	59
Cieno	10, 14
Cine	52, 53, 54, 55
Clima	36, 46, 48, 51, 60
Cocodrilo	31, 60
Crocodriliano	49
Coelacanto	56
Coelophysis	10, 11, 13, 46
Cola	24, 25, 29, 30, 32, 34, 38, 39, 40, 41, 44
Color	11, 31
Combate	24, 25
Compsognathus	22, 27, 32, 47
Continente	8, 46, 47, 48, 49
Cope, Edward	47
Coprolito	27
Cretácico	9, 13, 14, 20, 31, 37, 48, 49, 55, 56, 57
Cría	20, 21, 28, 44, 58
Crisis	*véase* desaparición
Crustáceo	37
Cuadrúpedo	22
Cuello	26, 28, 29, 31, 33, 41
Cuerno	25, 33, 60
Cuvier, Georges	19

D

Darwin, Charles	58, 59
Daspletosaurio	24
Deinonico	25, 26
Delfín	45, 62
Desaparición	8, 9, 43, 51, 56, 58, 60, 61, 63
Diente	10, 11, 12, 14, 17, 19, 24, 25, 26, 27, 29, 31, 38, 39, 41, 43, 45, 47, 57, 58
Diplodocus	13, 22, 23, 28, 29, 46
Dodo	63

E

Edmontosaurio	27
Elefante	14, 28, 32, 60, 61
Eoraptor	12, 32, 46
Era	
- cuaternaria	9, 60
- primaria	8, 48, 56
- secundaria	8, 9, 37, 46, 47
- terciaria	9, 49, 60, 61
Escama	12, 13, 52, 62
Espinosaurio	33, 47, 52
Esqueleto	10, 11, 15, 19, 28, 34, 35, 41, 42, 52, 53, 60, 61
Estegosaurio	13, 25, 46, 47
Estepa	23
Estiracosaurio	25
Estómago	11, 26, 27, 29
Euplocéfalo	24, 25
Eurasia	48, 49
Europa	17, 34, 47
- Alemania	35, 38, 47, 53
- Bélgica	34, 47, 52
- España	16, 17, 47, 52
- Francia	42, 45, 47, 52, 62, 63
- Inglaterra	13, 47, 53
- Polonia	53
- Suiza	22, 23
Evolución	58, 59, 63
Extinción	*véase* desaparición

F

Fósil	10, 11, 12, 13, 14, 15, 16, 17, 18, 19, 27, 31, 34, 38, 40, 41, 42, 43, 45, 46, 47, 48, 49, 53, 56, 57, 59, 60, 61

G

Gallimimus	24
Garra	10, 24, 25, 27, 30, 33, 36, 39, 40, 61
Grendelius icaunensis	45
Grito	11

H

Hadrosáurido	35
Herbívoro	13, 19, 22, 26, 27, 28, 33, 35, 36, 37, 46, 50, 60
Herrerasaurio	12, 46
Hombre	9, 58, 63

Huella — 10, 15, 22, 23, 47

Huevo — 10, 12, 18, 19, 20, 21, 34, 44, 47, 51, 52, 62

Hypselosaurus — 34

I

Ictiosaurio — 37, 44, 45

Iguana — 12, 29, 47

Indicio — 17, 21, 26, 27, 60

Iguanodonte — 13, 22, 27, 34, 47

Insecto — 14, 36, 37, 39, 51

Ipsilofodón — 47

J

Jobaria — 35

Joven — *véase* pequeño

Jurásico — 8, 13, 29, 35, 36, 37, 39, 45, 48, 57

Juravenator — 35

K

Kentrosaurio — 47

L

Laboratorio — 16, 17, 18, 19

Lagarto — 12, 27, 36

Lamprea — 56

Leaellynasaura — 46

Libélula — 36, 39, 56

M

Maiasaura — 20, 21, 46

Mamenquisaurio — 33

Mamífero — 11, 12, 35, 51, 59, 60, 61

Mamut — 14, 61

Manada — 24, 25, 28, 37, 60

Mandíbula — 11, 13, 14, 26, 27, 30, 31, 36, 39, 41, 47, 56

Marsh, Othniel — 47

Mazin, Jean-Michel — 42, 43, 45

Megalosaurio — 13, 47

Megaraptor — 49

Microraptor — 47

Molde — 14, 15, 41

Molusco — 14, 36, 57

Museo — 19, 34, 45, 52, 53

Muttaburrasaurus — 47

N

Nido — 19, 20, 21, 47, 51

O

Omnívoro — 27, 35

Ordenador — 19, 42, 43, 52, 53, 54

Ornitisquio — 13

Ornitópodo — 13

Osamenta — 10, 11, 13, 14, 15, 16, 17, 18, 19, 24, 30, 32, 34, 35, 40, 45, 47, 49, 60, 63

Ouranosaurio — 47

Oviraptor — 34, 47

Owen, Richard — 12, 53

P

Paleontólogo — 10, 11, 13, 14, 16, 17, 18, 19, 22, 26, 30, 31, 35, 42, 45, 47, 49, 52, 57, 61

Pangea — 48

Panphagia protos — 35

Pantano — 23, 34, 37

Paquicefalosaurio — 13, 46

Patagosaurio — 46

Pentaceratops — 25

Pez — 15, 26, 33, 37, 45, 51, 56

Pezuña — 19, 27

Pico — 27, 35, 42, 43, 58

Piel — 10, 11, 12, 31, 35, 39, 40, 41, 43, 53

Planeta — *véase* Tierra

Planta — 8, 9, 20, 27, 37, 48, 50, 51, 62

- Alga — 8, 14

- Árbol — 9, 14, 15, 30, 36, 38

- Cicadácea — 29, 37

- Conífera — 14, 29, 37

- Cola de caballo — 29, 37

- Flor — 9, 14, 15, 37, 62

- Helecho — 15, 29, 37

- Hierba — 26, 37

Plateosaurio — 13, 47

Pluma — 13, 35, 37, 38, 39, 41, 47

Predador — 25, 28, 30, 46, 50, 56

Prenocéfalo — 25

Presa — 11, 24, 25, 27, 30, 31, 36, 38, 39, 42, 43, 45, 50, 63

Psittacosaurio — 47

Pterosaurio — 8, 33, 40, 41, 42, 43

Puente — 20

R

Reconstrucción — 11, 13, 19, 34, 53, 60

Reptil — 8, 11, 12, 13, 23, 31, 33, 36, 37, 38, 40, 41, 42, 43, 45, 47, 51

Resina — 14, 17

Restos — 10, 15, 22, 23, 31, 34, 41, 42, 43

Roca — 11, 14, 15, 16, 17, 18, 19, 42

Roedor — 62

S

Sarcosuchus — 49

Saurisquio — 13

Saurópodo — 13, 28, 35

Sauroposeidón — 32

Selección natural — 58

Staurikosaurio — 12

Stenon, Nicolás — 14

T

Tericinosaurio — 33

Terópodo — 13, 39

Tiburón — 14, 45, 57

Tierra — 8, 9, 36, 41, 48, 50, 55, 59, 60, 62, 63

Tigre con dientes de sable — 60

Tiranosaurio — 13, 25, 30, 34, 46

Tiranosaurio rex — 12, 30, 31, 33, 34, 46

Triásico — 8, 13, 37, 41, 57

Triceratops — 13, 25, 33, 46, 47

Troodon — 21, 25, 33, 46

V

Vegetariano — *véase* herbívoro

Velociraptor — 24, 25, 47, 52, 53, 54

Vertebrado — 8, 12, 40

Volcán — 14, 51, 57

Vuelo — 38, 39, 40, 43

W

Wegener, Alfred — 47

Créditos fotográficos

a = arriba, ab = abajo, c = centro, d = derecha, iz = izquierda

pp. 10-11: Louie Psihoyos/Corbis, p. 11: François Gohier/Hoa-Qui/Eyedea.fr, p. 12 a: Chris Mattison/Age Fotostock/Hoa-Qui, p. 12 c: Simon Murrel/Imagestate/GHFP, p. 12 ab: Mary Evans/Rue des Archives, p. 13 a: Mariana Ruiz Villareal/Ladyofhats, p. 13 ab: Linda Hall Library, Kansascity/DR, pp. 14-15: Fossil Museum, p. 15 a (amonita): Pascal Goetgheluck/doublevue.fr, p. 15 ab (árbol): Patrick Aventurier/Gamma/Eyedea.fr, pp. 16-17: Marco Ansaloni/Look at sciences, p. 18 d: Louie Psihoyos/Corbis, p. 19 a: Marco Ansaloni/Look at sciences, p. 19 c: Carlos Muñoz-Yagüe/Look at sciences, p. 19 ab: Carlos Muñoz-Yagüe/Look at sciences, pp. 20-21: Boulay-Caraisco/Jacana/Eyedea.fr, p. 22: OCC-SAP, p. 23 iz: Patrick Dumas/Look at sciences, p. 23 d: OCC-SAP, pp. 28-29: Louie Psihoyos/Corbis, p. 34 d: Corbis, p. 35 iz: Hairy Museum of Natural History/Martinez and Alcober, 2009, p. 35 d: Michel Gunther/Biosphoto, p. 38 ab: François Gohier/Biosphoto, p. 40: Jonathan Blair/Corbis, p. 42: Patrick Dumas/Look at sciences, p. 44: Jonathan Blair/Corbis, p. 48: Mary Evans/Rue des Archives, p. 49: Mike Hettwer/uchicago.edu, pp. 52-53: Universal, p. 55: T.C.D, p. 56 aiz: Philippe Roy/Hoa-Qui/Eyedea.fr, p. 56 ad: Gil Lefauconnier/Biosphoto, p. 56 c: Stéphane Hette/Biosphoto, p. 56 abiz: Jacques Stevens/Jacana/Eyedea.fr, p. 56 abd: John Cancalosi/Age Fotostock/Eyedea.fr, p. 57 a: Jeffrey Rotman/Biosphoto, p. 57 abiz: Nicolas Cegalerba/Jacana/Eyedea.fr, p. 57 abd: Jean-Pierre Sylvestre/Biosphoto, pp. 60-61: Stéphane Compoint, p. 62 a: AFP/MNHN/INEICH, p. 62 cd: Klein-Hubert/Biosphoto, p. 62 ciz: Loire Grandeur Nature, p. 62 ab: Uthai Treesucon/Florida State University, p. 63 a: Thierry Perrin/Jacana/Eyedea.fr, p. 63 c: Philippe Henry/Biosphoto, p. 63 abd: Klein-Hubert/Biosphoto, p. 63 abiz: Louie Psihoyos/Science Faction/Corbis.

Ilustraciones

Los dibujos de las páginas 14, 19, 25, 26, 27, 29, 30, 31, 45, 47, 52, 60 y 61, así como las del sumario y el cuestionario han sido realizados por Charles Dutertre.

pp. 8-9: Philippe Munch, pp. 10-11: Gérard Marié, p. 12: Donald Grant, p. 13 (coleophysis, plateosaurio, iguanodonte y estegosauro): Gérard Marié, p. 13 (alosaurio, diplodocus, braquiosaurio, triceratops y paquicefalosaurio): Donald Grant, p. 13 (arqueopterix): Jean-Pascal Donnot, p. 13 (tiranosaurio, anquilosaurio): Franco Tempesta, p. 17: Yves Beaujart, p. 18: Philippe Munch, p. 20: Fabio Pastori, pp. 22-23: Alain Beneteau, pp. 24-25: Christophe Drochon, pp. 26-27: Fabio Pastori, p. 29 a: Alain Beneteau, pp. 30-31: Franco Tempesta, pp. 32-33: Alain Beneteau, p. 34 aiz: Fabio Pastori, p. 34 ad: Donald Grant, p. 35 ab: Donald Grant, pp. 36-37: Gérard Marié, p. 37: Donald Grant, pp. 38-39 a: Jean-Pascal Donnot, pp. 38-39 ab: Pascal Gindre, p. 41 iz: Didier Balicévic, p. 41 d: Pascal Gindre, pp. 42-43 a: Franco Tempesta, pp. 42-43 ab: Didier Florentz, pp. 44-45: Alain Beneteau, pp. 46-47: Didier Florentz, pp. 48-49: Tom Sam You, p. 49: Jean-François Pénichoux, pp. 50-51: Caroline Picart, pp. 52-53 (fondo): Caroline Picart, pp. 54-55: Caroline Picart, pp. 58-59: Vincent Boyer, p. 59: Emmanuel Mercier, p. 61 ab: DR.

Textos

Mathilde Elie: 14-15, 16-17, 18-19, 20-21, 22-23, 24-25, 26-27, 28-29, 30-31, 32-33, 46-47, 48-49, 56-57, 58-59, 60-61.
Nathalie Tordjman: 8-9, 10-11, 12-13, 34-35, 36-37, 38-39, 40-41, 42-43, 44-45, 50-51, 52-53, 54-55, 62-63.

Agradecimientos

Gracias a la redacción de la revista Images Doc y a Jean-Michel Mazin, paleontólogo, director de investigación en el CNRS, por su atenta lectura.
Gracias a Jean-Paul Billon-Bryat y a la Paleontología A16, sección de arqueología de la oficina de Cultura de la República y el Cantón de Jura (Suiza), por las fotografías y la documentación del yacimiento de Courtedoux.
Gracias a la sociedad Universal.